心理学与现代生活丛书
总主编／佘双好

莉 主编

如沐阳光

咨询心理学与现代生活

武汉大学出版社
WUHAN UNIVERSITY PRESS

图书在版编目(CIP)数据

如沐阳光:咨询心理学与现代生活/潘莉主编.—武汉:武汉大学出版社,2007.10
心理学与现代生活丛书/佘双好总主编
ISBN 978-7-307-05845-3

Ⅰ.如… Ⅱ.潘… Ⅲ.咨询心理学 Ⅳ.C932

中国版本图书馆 CIP 数据核字(2007)第 147395 号

责任编辑:郭 静 责任校对:黄添生 版式设计:詹锦玲

出版发行:**武汉大学出版社** (430072 武昌 珞珈山)
(电子邮件:wdp4@whu.edu.cn 网址:www.wdp.com.cn)
印刷:华中科技大学印刷厂
开本:950×1260 1/32 印张:7.75 字数:179 千字 插页:1
版次:2007 年 10 月第 1 版 2007 年 10 月第 1 次印刷
ISBN 978-7-307-05845-3/C·193 定价:19.00 元

出版说明

随着社会物质生活条件的改善和生活水平的提高，人们对精神生活需要的迫切性越来越强烈，对精神生活的质量要求也越来越高，心理学逐渐成为广大民众和青年学子所关心和崇尚的热门研究领域。

然而，专业的心理学研究不仅体系庞大，内容艰深，而且与广大民众所关心的日常生活问题相去甚远，在专业心理学研究领域和广大老百姓日常生活之间存在着巨大的鸿沟。这样，使得不少本来对心理学抱有浓厚兴趣的人感到心理学令人生畏，望而却步。

为了弥合专业研究与普通民众需求之间的鸿沟，我们推出了这套丛书。本套丛书的宗旨是从老百姓日常生活中所关心的心理问题出发，用心理学的观点来阐明人们日常生活中所关心的心理问题，透过心理现象的分析来说明和解释心理学是一门怎样的学科，它所关心的是什么样的问题；它为人们处理心理问题提供了什么样的视角，以及如何从专业和系统的角度来处理日常生活中的心理问题。

我们把本套书定位为一种亚学术著作，所谓亚学术即指介于学术研究和科普读物之间的著作。亚学术著作也是一种学术著作，只是这种学术著作并不是写给专业人员作为纯粹的学术研究用的专业书籍；而是写给广大老百姓和普通民众阅读的学术著作。因此，亚学术著作并不是降低书的学术品位和旨趣；相反，它对著作的学术标准要求更高，因为它要求作者不能囿于研究者一孔之见，仅仅阐述个人的学术观点；不能因为作者自己的学术兴趣和偏好而误导读者。亚学术著作既可看成是一种科普读物，又不同于一般的科普读物。科普读物的主要目的是把学术研究的最新成果以普通民众所能够接受的方式和语言传播到广大民众之中，其中也包含了作者的重新创作和创造性的研究成果；但它的主要功能在于普及和宣传，而亚学术著作本身就是一种再研究和再创造的过程，是学术研究的继续和延伸。

本套书第一批共包括《随时光而去》、《解读社会密码》、《窗外有蓝天》、《如沐阳光》、《女人四季》五本，每本书都有一个副标题，说明所揭示和探讨问题的学科领域。这五本书分别从发展心理学、社会心理学、异常心理学、咨询心理学和女性心理学等学科视角，对现代生活中的心理问题进行了全方位透视；既为广大读者提供了各门学科所研究和探讨的主要问题和方法，同时也为读者处理现代生活中的心理问题提供了可资借鉴的干预策略。

心理学虽然有一个漫长的过去，但作为一个学科只有短短的历史。与人类科学的其他成熟的研究学科相比，心理学还是一个处于不断成熟和发展壮大的学科；心理学的研究还远远没有达到能够有效干预人们日常生活心理问题的程度。因此，对于现代生活中的心理问题，我们并不期求通过有限的书籍就能够揭示清楚；但我们真诚地希望读者能通过系统的阅读对现代生活心理问题有一个达观的理解，并以此作为思考现代生活各种心理问题的起点，开始有意识地、系统地、科学地规划自己的生活和人生。

本套书在写作过程中参阅了各门心理学科的大量研究成果，由于版式和图书风格的需要，没有一一注明资料来源，这里谨向各位研究者表示衷心感谢！本套书从策划到选题到写作也一直得到武汉大学出版社陈庆辉社长、郭园园博士的关心帮助，武汉大学政治与公共管理学院、武汉大学发展与教育心理研究所的大力支持，在此一并表示衷心感谢！

由于出版亚学术著作对于我们来说是一件十分具有挑战性的工作，加之自己学术研究所限和时间仓促，本套书难免存在着一些缺陷和遗漏，我们真诚地希望广大读者批评指导，不吝赐教。

佘双好

2007年3月17日

前　言

“在人生的中途，我发现自己已迷失了正路，走进了一片幽暗的森林。啊，要说明这片森林的荒野、艰险、难行，是多么的困难！只要一想起它，我就又觉得害怕……我说不清自己是怎样走进这片森林的，因为我在离弃真理之路时，是那么睡意沉沉。”这是但丁在《地狱》中的一段描述。是的，生活是多彩的，它给我们愉悦、欢乐和幸福，它同时也带给我们痛苦、磨难、失落、受挫、恐惧和迷惑。与安逸舒适的时光相比，这些痛苦和迷惑的经历就像是灵魂的黑夜。

和大多数人一样，你可能也经历过几个灵魂的黑夜，也可能正置身于其中的一个黑夜。也许你的婚姻出现了危机，也许你的工作遭受了严重的挫折，也许你发现自己的情绪偏执可怕……对一些人来说，这些情形是可以解决的问题，但对另一些人来说，他们却可能由此走向更深的绝望，很难通过自己的努力走出黑夜。

为帮助这些经历灵魂黑夜的人们见到阳光，从古至今，从西方到东方，智慧的人们创造发展了很多专门的方法与技巧，并逐渐成为一门科学，这就是咨询心理学。精神分析、行为塑造、认知重构、人本关怀、社会建构等每一种方法都像一束阳光，从不同的角度透视着、解构着人们的心灵，又照亮着、建构着人们的心灵。它们像照亮黑夜的火把，指引着人们走上通往快乐光明的道路……

这本《心灵的解码与重构——咨询心理学与现代生活》按照咨询心理学产生发展的历史脉络，同时按照透视心灵的不同视角，对主要的心理咨询方法进行了介绍。以“学术干预生活”为理念，本书在编写过程中既注意保持理论的完整性和独特性，又注意阐释的简洁性和清晰性，使其尽可能清楚明白；同时，为增加理论的感染力，每个方法均以一个动人的心情故事来切入，在理论介绍时也引用了很多生动的咨询案例。其中的每一个专题都可以作为独立单元来阅读，以方便您自由轻松地做出选择和安排。

当然，现代心理咨询方法流派纷呈，本书所介绍的只是其中最重要的几种类型，是当今广泛运用的理论与实践导向中最重要的部分。随着新理论的层出不穷，很多心理学家试图把这些新理论统一和整合起来。他们认为，在心理咨询中存在着基本的统一性：如支持性关系的创造，理解心理问题所在的基本原理的提供，以及咨访双方的共同参与等。目前，整合的、折中的、证据为本的取向已经成为咨询心理学发展的重要趋势。

对于在现代社会生活的人们而言，发展出一套个人的心理调节方法是很重要的。所以，熟悉、了解各种心理咨询方法，而又不囿于某一种方法，善于寻求众多学派和方法发展出来的有价值的思想和技术，采取弹性的、变通的方式来处理和对待生活中各种各样的问题，保持一颗平和、快乐、健康的心灵，乃是咨询心理学给我们的人生发展带来的智慧和艺术。

目　　录

五 发现真实自我——深度关怀心灵

六 人不是问题——建构崭新心灵

一、与灵魂沟通
——仪式安慰心灵

在人类早期，灵魂是心灵的代名词，我们的先人认为，灵魂是不死的，通过一定的仪式，活着的人可以和鬼神、人的灵魂沟通，并拜托他们保佑自己平安。

1.敬鬼畏神：巫术与人类早期对心理不安的平复

巫术在本质上是一种以对待人的方式来影响灵魂的做法：使它们息怒、改善关系、和解、剥夺权力服从命令，等等。总之，即利用已经在活人身上证明为有用的一切手段。

——弗洛伊德

细细的雨丝，有如银河中绵绵不断的水脉，纷纷飞落半天，落在水流村阿芹家的屋檐上。

阿芹死了，在那个没有预警的风雨夜，他抛下了两个小孩、中年的妻子，走向人生的不归路。这样的暴死，是村里今年的第四个。没有人明白，一个小小的村落为什么会在短短的半年内，死了四个正值壮年的男人。他们的死，让水流村陷入愁云惨雾之中。这样一而再、再而三的暴死，更让他们深觉惶恐；他们担心的是，不知道谁会是那个悲情的“第五者”。

“邪煞说”，一下子就在这个村落里传开。

水流村，是个小山村，坐落在枕山山麓，靠近第一公墓的地方。他们与墓为邻已有百来年了，上一代以至于上上代，都是从坟的邻居，跃升成坟的主人；由扫墓者变成被扫墓者；坟地是玩地，也是童年的梦土，最终也成了他们的归宿。

水流村的人走在黑色的相思林中，从来不觉得有什么不妥。即使在这个鬼魅流传的年代，他们还是三三两两地在枕山山腰放牛，让青翠爬上心头，看云与青山重叠，赏灰与白的交错。

但这一次的“四煞”，让他们突然警觉到“死灵”是不可以玩笑与亵渎的。即使有座三山国王庙做庇荫，也不可以用牛只来践踏他们的生命地。

这一刻，村长伯成了他们救危图存的寄托，他们把所有的希望悉数交给村长伯，似乎他能想得出法子，水流村的人就可以得救了。村长“水稻伯”是村子里公认最慈悲与智慧的耆老，他的话，村民无论如何都信。

“四煞，是件极不吉祥的事！”村长伯捻捻花白的短胡须说，“这一定是野鬼来找替死鬼的。以前我爷爷那一代也曾经发生过一次七煞，三个月内村子里一连死了七个人，最后只好请三山国王出来伏妖收鬼。这一次，我想还是先请示王公比较妥当。”

“七个？那还缺三个人哩！”旺林搭腔。

“是啊！不知道是哪三个倒霉鬼？”

讨论会一下子变成了鬼魅的恐吓大会，每个人都被阴森森的气氛震慑着，厉鬼的影子，这一刻俨然成形。

“明天叫乩童根起个乩问问。”村长做了结论。

天还没有黑，三山国王庙已挤满了水流村的大大小小村民，准备聆听由乩童根“扮演”的三山国王怎么说。

仪式终于在一束清香中延展开来，乩童根的角色，从平凡人一跃成了“神人”。

在袅袅白烟中，他缓缓地抖动起全身，愈抖愈烈，愈抖愈快，然后重重拍下桌子，一指：“神到了！”

“今天找我出来，有什么大事？”

“做神哪有不知道我们出了什么事？”金花的声音细得像蚂蚁，不过还是被耳尖的童乩根听到——不对，这一刻，他应该是三山国王。

“不是所有的神都吃饱没事干哩！”乩童根狠狠地白了金花一眼，示意她不懂少说。

金花七十六岁的老父亲重重打了她一下：“你别坏了全村的事。”这样的罪名金花着实担待不起，她只好缄默地站立一旁，不敢再多说一句。

三山国王表示：根据本神的推断，最近接连发生的四煞，与野鬼有关。水流村这许多年来一直妖气重重，本神只能保护大多数的人，但是无力保护全部的人。最好的方式是，大家出点钱准备三牲，做些法事超度亡灵。再不当一回事，很快就会变成七煞。

这样的危言耸听，真的吓住了在场的村民，他们深信三山国王的忠言非遵守不可。三山国王甚至建议村民以建醮的方式办理。这个建言很快就被村长伯及其他村民接受。

建醮对水流村是一件重要的工作。百年来，他们只在建庙落成的那天建过一次醮；这些年来，只有节令的祭祀，并没有其他特别的供奉。怪不得村长伯会说，吃不饱当然会作怪了。

在民间的习俗中，每逢地方乡里连连遇上灾变时，就会由地方的耆老向神明许愿祈求，再为诸神举行隆重的谢恩大典，为未来祈福；这样的宗教仪式，就叫“建醮”。

那一晚，村里的耆老全部聚在水稻伯的家共商大计，决议演大戏七天，让那些野鬼一次看个够，再打发它们上路。建醮就在三山国王庙前的广场举行，所有的开销由村民均摊。

一个不算富有，甚至应该说贫穷的乡下村落，可以为了神明的“亡灵”归因，捐出身上所有的钱。

演大戏七天的钱将近十万，另外还得请法师诵经，烧三天三夜的纸钱。普度的牲口，搭建醮台的工钱，巨型烛火的费用，统统加起来，少说也要百来万。这个部分，经过七位耆老的“三堂会审”，决定以认捐的方式进行。对乡下的“信神族群”来说，这是个有趣的法子，无论多少钱，总是捐得出来；毕竟与村长伯相同理念的人比比皆是，他们老以为“捐得愈多庇荫愈多”，不捐的人没有庇佑，你说，捐还是不捐？

村长水稻伯东拼西凑，集了二十多万元。事后他喜滋滋地告诉朋友，这下子鬼找不到他了。

“巴结”与“贿赂”俨然成了鬼神文化中一道很有趣的痕迹。

竖灯篙，是法师建议遵循的规矩；这样鬼魂才会明白村子备了酒宴，也才明了宴客的路怎么走。

一般来说，灯篙的长度当然是愈高愈好，以免鬼魂看不见，误了饱食一顿的机会。灯篙的配件有七星灯和天地钱，高耸入云的灯篙，通常竖了数十支之多，白天旗海飞扬，夜里灯火高悬，光耀夺目，无远弗届。

村子里不安的低气压，这一刻化成喜滋滋的办喜事。他们以敲锣打鼓迎新娘的心情，接下为鬼净尘的重担；喜事的心情，免去许许多多的阴霾。他们共同认定，过了这七天，一切都将雨过天晴，水流村的天际又会划出一条长虹。

建醮对水流村来说是件大事，他们终于选定一个良辰吉日，掷杯请示三山国王同意村民的举措；三次圣杯，表示神明认同他们的观点，当然也说明了他们的归因属实。

为求统一事宜，村长伯建议成立“建醮委员会”，自己当起了主任委员。这个头衔有点类似“炉主”，是一个可以蒙神大力庇佑的角色，下设若干个执行单位。

一切准备就绪之后，就开始搭坛破土。建醮祭典的中心为“内坛”，除了道士和工作人员以外，一律不准进入。内坛戒备森严，透出深深的神秘气氛。

外坛是开放的，装饰力求美观，以天师坛、北帝坛、观音坛、福德坛构成“四大坛”。有时会增加玉帝坛、先师坛等。

搭坛的吉日良辰是乩童根请示过神明的。

建醮的正日，在请水清净道场的仪式中开锣。

这一天，村民们个个沐浴更衣，用崭新的心灵，把心中的恶灵奔泄而出。

狠狠燃烧的香火，烧出一片水流村的光明远景。

黄澄澄黏贴而上的符令，贴出一片明亮的心情。

随河流走的纸尘，象征着恶鬼东去。

过不了多久，村民的心又将和山一样青青翠翠。

摘自　游乾桂．心灵医师　中国的宽心术［M］》．北京：中国友谊出版公司，1999：81-87

在这个发生在台湾地区原住民中间的故事中，巫术起到了集体心理治疗的作用，巫师乩童根则充当了心理咨询师，那么，如何用现代心理学的观点来分析和认识这种起源于远古时代的仪式呢？

（1）“敬鬼畏神”为何能够平复不安心理

在远古时期，人们把原因不明的危险或威胁，看作是神秘外力使然，看作是妖魔鬼怪在兴风作浪。这样，驱妖降魔的巫术应运而生。事实上，巫术就是一系列神秘的仪式，通过复杂的仪式，无形的威胁和危险，就变成了似乎看得见摸得着的“鬼魂”，通过对“鬼魂”的仪式性处理，来控制和消除危险和威胁带来的恐惧。这种仪式，对特定群体的心理具有一定的镇定安宁作用。

①仪式增强了人们控制与消除恐惧的自信。其实，现实并没有因为巫术中的仪式真的发生什么变化，危险和威胁依然存在。不过，在巫术治病过程中，肃穆的气氛、庄严的仪式、威严的巫师、怪异的行动，无不令人肃然起敬，心灵受到强烈的震撼与刺激，仿佛灵魂被这一切所净化了一番，从而有助于某些疾病的痊愈。再加上人们的鬼神迷信观念十分盛行，患病时总认为是鬼神在作怪，得罪了哪一路神仙，经过巫师治病后，病人就感到造成其疾病的妖魔鬼怪被驱除了，对危险和威胁的感觉发生了变化，捉摸不定的危险变得似乎可以把握了，沮丧和绝望变成了希望，信心得到一定的恢复，处理危机和危险的能力也得到提高。相应地，人们对自然的适应性也能得到提高。如果恰好危险偶然自动消失，人们会把这种巧合归功于巫术，再通过流传者的想象与夸大，巫术就更变得神乎其神了。

人们逐渐地开始迷信巫术的神奇力量，这反过来提高了巫术的心理影响能量，在一定的文化氛围内，巫术就具有了一定的精神治疗能力。

②通过心理暗示机制发挥心理治疗作用。通过巫术的一系列仪式，把巫师置于至高无上的权威位置，而受众则放弃自我控制，将自己的安全全部托付给所迷信的权威，接受巫师的治疗性语言暗示，遵从全能的权威的指令和判断达到消除一定的心身症状的目的。此时，相对于受暗示者来说，权威的语言，如“你一定会痊愈”或“不准再胡来”就具有四两拨千斤的作用。同时，巫师也经常经由仪式将“神”开出的解决方法提供给受众。这就像现代心理咨询中的“安慰剂”,“暗示”病人只要每天服三帖药，病情就会大有改善；即使医生当时给的是“糖果”，对于心身症之类的病人也会有所助益。

（2）巫师怎样实施心理咨询与心理治疗

巫师是开展巫术活动的中心人物，充当人神之间的媒介。巫师认为，凭借自身的力量，通过某些技术和手段（巫术），可以影响或控制客观事物和他人的行为。

①获得当事人的信任。一般而言，当事人的信任并非出自理性，而是出自信仰和外在的因素。如在远古时期，巫师与族长、部落首领是三位一体的，他集大权于一身，有一个神秘的世界为后盾，因而具有极大的吸引力与号召力。其次，巫师多是当时社会的精英，知识渊博，通晓乡风民俗、天文历法、历史地理、文字绘画、诗歌舞蹈、医药科技等。再者，多会表现出某些不同凡响的“特异功能”，以证明其超凡不俗。如踏火、口中吐火、上刀梯、沸水中取物等。当然，这些特异功能都只是类似魔术的一种表演而已。如踏火是在燃烧的木炭上撒满食盐，使得炭火通红且噼啪作响，看时气氛浓烈，而盐却起着冷却剂的作用。但对于不了解个中奥秘的人来说，这些都是巫师有“神力”的体现，更是自己应当完全信任他们的证明。

②通过一套“理论”系统对问题的起因和解决方案作出解释。如在上面的故事中，巫师乩童根代表“三山国王”表示：最近接连发生的四煞，与野鬼有关；水流村这许多年来一直妖气重重，本神只能保护大多数的人，但是无力保下全部的人。最好的方式是，大家出点钱准备三牲，做些法事超度亡灵。再不当一回事，很快就会变成七煞。接着又提出建醮的建议。

③特定的“治疗技术”。主要包括：一定的仪式——不管是公开进行或是秘密施展，巫术总有一定的活动内容和活动程序；有的相当复杂，有的相对简单。巫词——在施术时，巫师口中总是念念有词，或说或唱，或祈求或诅咒。动作——全身颤抖、舞剑、跳跃等。如湘西土家族驱鬼术的具体过程大致如下：摆好供品，点燃香烛，巫师着长袍高帽厚底鞋，一手舞剑，一手点划、口中念念有词。约十几分钟至几十分钟后停

下，并告诉病人家属，业已查明是何方妖怪缠住病人，必须请哪路大神方能镇妖。于是继续舞剑，喃喃自语，然后猛喝一声："某某大神驾到"，遂一手执剑，一手执桃枝，忽上忽下，忽东忽西地刺杀和驱赶，并不断说："看你往哪里跑！"几个回合之后，巫师追至房外，众人一路尾随应和，喊声震天。巫师操作认真，汗流浃背，大口喘气，最后宣布：鬼已被驱逐。而"送瘟神"的仪式常常是集体性的，多在村寨中心的户外进行。傍晚时分，燃起一堆篝火，巫师指挥其助手或临时参加的青壮年，手持刀枪剑戟，四面把守。金童玉女若干，捧烈酒野果列巫师左右。巫师则一手执竹笼，一手拿笼盖，围绕火堆，载歌载舞。巫师突然停唱，双臂一合作捕捉状，称捉瘟神入笼。然后顺时针方向绕火堆三圈，再逆时针方向绕火堆三圈。最后将竹笼抛入火中，让其化为灰烬，并目送缕缕青烟上天，"瘟神"即被送走。

（3）如何评价巫术

①巫术的产生有其特定的社会历史背景，具有一定的心理保护和安慰功能。在原始社会中，巫术是"自发的"，在一定意义上反映了人类要控制与改变自然的愿望和行为，"并没有欺骗的成分"（《马克思恩格斯全集》第19卷第327页），且具有一定的心理保护和安慰功能。

②对巫术的依赖和迷信，会导致人格退化，培养依赖和迷信的心理模式。从暗示的角度讲，巫术的确可以缓解一些功能性障碍或疾病。但是，用巫术治病有很多弊病。首先，暗示作用的效果是短暂的，很容易复发；其次，也是非常重要的，对暗示性巫术的依赖和迷信，使人们更容易受环境和压力的影响，在治病的同时，又增加了致病的能力和易感性；再次，巫术作为谋生的手段，加上了“人为的”成分，许多巫医其实连原始的巫术和经验都没有，就是出于经济目的，装成巫医神汉，蒙人骗钱，甚至实施犯罪。

③伴随着人类社会的发展，巫术已为科学所取代。人类进入文明时代以后，巫术让位于宗教，宗教又让位于科学，应该说，巫术所能治疗的功能性障碍，现在几乎全部可以通过现代医疗手段进行。但由于社会发展的不平衡性，巫术在某些发展中国家和地区仍然很活跃，例如仍有许多人相信“8”即发，“4”即死之类的禁忌，或者热衷于求神拜佛等。考虑到巫术中存在太多的不确定因素，尽管它有一定的治疗作用，我们认为还是寻求正规的现代心理咨询与治疗为宜。

2. 心病还需心药医：我国传统的中医心理治疗

情志过极，非药可愈，须以情胜。内经一言，百代宗之，是无形之药也。

——吴昆《医方考》

卫德新之妻，旅中宿于楼上，夜值盗，劫人烧台，惊堕床下，自后每闻有响，则惊倒不知人，家人辈蹑足而行，莫敢冒触有声。岁余不痊，诸医作心病治之，人参、珍珠及定惊丸均无效。张子和见而断之曰："惊者为阳，从外入也；恐者为阴，从内出也。惊者为自不知故也，恐者自知也。足少阳胆经属肝木，胆者敢也。惊怕则伤矣。"乃令二侍女，执其两手，按高椅之上，当面前下置一小几。张曰：娘子当视此。一木猛击之，其妇大惊。张曰：我以木击几，何以惊乎？伺少定，击之，惊也缓。又斯须连击三五次。又以杖击门，又暗遣人击背后之窗。徐徐惊定而笑曰，是何治法？《内经》云：惊者平之。平者常也，平常见之必不惊。是夜使人击其门窗，自夕达曙。夫惊者，神上起也，从下击几，使之下视，所以收惊也。嗣后虽闻雷声亦不惊。

——《儒门事亲·内伤形》

在这个案例中，张子和非常巧妙地使用了以惊治惊的方法对卫德新之妻的响声恐怖症进行了治疗。看来，在西方心理咨询这一专业化的职业活动传入我国之前，中国人自己也有一些缓解心理压力、解决心理问题、维护心理健康的行之有效的方法。不仅包括前文介绍的类似巫术和民俗等比较朴素的方法，还包括比较科学的中医心理治疗的实践和方法。

(1) 中医心理治疗的鲜明特色

①东方思辨性。和西方心理咨询以科学试验和实证研究为基础不同，祖国医学是在古代东方文化背景下发展起来的，以阴阳五行学说为理论基础，形成了脏象、经络、精气神等学说，故其心理治疗内容带有浓厚的东方文化色调。

②主张调息静养，通过“静”的方式来恢复心理平衡。面对挫折时，不主张用斗争的方式来应对，而是讲究通过矛盾自身相互转化的朴素辩证法来进行自我心理调适。如否极泰来，祸福相依等，所以孟子说：“天将降大任于是人也，必先苦其心志，劳其筋骨，饿其体肤，空乏其身，行拂乱其所为，所以动心忍性，曾益其所不能。”

③因人因时因事辨证施治。中医临床特点之一是辨证施治，即注意天时、地理环境对个体的影响，尤其重视心身差异及个体当时的反应状态，针对个体的不同情况采取不同的治疗方式，由于心理治疗最讲究个体差异性，所以中医的思想方法对心理治疗的发展是极为有利的，这也是中医心理治疗的极大优点。

④调治的整体性。整体观念是中医学的又一特点，就是动

态活体地看待有情感思维的人，以综合的观点辨证、论病、立法、施治。这在心理治疗方面则表现为形神一体的整体调理观点，注意神对形的反作用，如激情排毒治疗，想象畅怀治疗，移精变气治疗等都是通过治“神”来达到治愈疾病。

(2) 丰富多彩的治疗方法和案例

中医心理治疗的主要方法包括中医情志疗法、中医认知疗法和中医行为疗法。其中中医情志疗法是中医独特的心理疗法，中医认知疗法和中医行为疗法与现代心理治疗有相同之处。

①中医情志疗法。情志是中医专有名词，是对喜、怒、忧、思、悲、恐、惊所代表的一切心理活动的概括，包括“思”代表的认识活动、情绪活动和其余“六情”代表的情绪情感活动。情志疗法是中医心理治疗中最系统最具中医特色的心理疗法，体现了不同情志之间相互影响的辩证关系，是利用一种或多种情绪去调节、控制、克服另外一种或多种不良情绪的心理疗法。

作为中医经典的《黄帝内经》对情志相胜疗法进行了比较系统的阐述。它提出的脏象五志论将人体归纳为五个体系，即是肝木、心火、脾土、肺金、肾水，它们是依次相生的关系，以金、木、土、水、火的顺序依次相胜，或者说相克，即依次制约的关系。这五种系统也包括情志心理因素在内，悲属肺金、怒属肝木、思属脾土、恐属肾水、惊属心火，情志相胜治疗就是根据五行这种制约关系，用一种情志去纠正相应所胜的情志、有效地调节由这种情绪产生的疾病，从而达到治疗的目的。

喜伤心，恐胜喜：清代《冷庐医话》中，说到一江南书生在京考中状元，因过于高兴而发狂，大笑不止。一位名医看后对他说："你的病治不好了，不过十天就会死的，赶快回家吧，迟了就来不及了。你回家路过镇江时，一定要找一位何医生再给你看看病。"同时写了一封信，让他面呈给那位医生。书生到了镇江，果然病就好了。医生的信中写有这样的话：这位书生"因喜极顺狂，喜则心窍开张，不可复合，非药石之所能治。故以危言惧之以死，令其惊恐忧郁，则心窍闭，到镇江当已愈矣"。

思伤脾，怒胜思：元代的《儒门事亲》一书中，记载了一位贵妇人，严重的失眠，历经两年不愈，诸医无策，擅长心理治疗的名医张子和，让病人的丈夫，"以怒而激之"。她丈夫整天花很多的钱，只顾买酒喝，自得自乐，而对病人不闻不问，不给她买药治病，结果这位妇人怒不可遏，一气之下，出了一身汗，当天夜里便感到疲惫不堪而睡得很香，又过了八九天，食欲也好转了。

悲忧伤肺，喜胜悲忧：有一个人，因父亲骤然死亡而悲痛不已，之后便觉心痛难忍，逐日加重，药皆无效。张子和为其诊治时，恰巧有一个巫婆在场，张子和于是便自学巫婆的样子，取笑戏弄巫婆，来引逗病人，病人大笑不已，结果仅一二日，其心痛便自愈了。

恐伤肾，思胜恐：《续名医类案·惊悸》一书中记载了一个名叫沈君鱼的病人，整日害怕死亡，常觉死期将临，后来找到了当时的名医卢不远诊治，卢不远先与病人交谈了一次（类似今日的心理疏导疗法），病人心中恐惧顿时减轻许多，翌日一早又来求治，声称其占了卜，签上说其十天内就要死去，因此十分紧张，遂一早又来。卢不远便留他住在自己家里，病人觉得有医生在身旁，便放心了许多，过了十天亦未死。后来卢不远又介绍他去向和尚练习坐禅，经过一百余日的闭目沉思之后，病人的恐死心理终于消除。

怒伤肝，悲胜怒：明代名医张景岳，一次诊治了一位因一时口角理屈，佯装发怒而昏倒"假死"的妇人。张景岳在确定其是装病后，便在其耳边，故意大声说其病情非常危险，必须用艾条在其面部熏灸才能治愈，病人因害怕火炙的疼痛与毁了面容，而面露悲伤之色，张景岳接着又提出，可以先服汤药试试，如果药到了咽喉就醒过来，则也可不用艾灸，后来妇人在服药时，药尚未到咽喉，便醒了过来。

②中医认知疗法，是指通过语言或其他方式启发当事人，使其逐渐认识到原有的认知、情绪表现是不合理的，从而建立起健康的认知，克服情绪、行为等方面不良表现的方法。

开导劝慰法　开导劝慰法是通过语言对当事人进行启发、诱导和劝说，从而起到改变当事人精神状态和躯体状况的目的的方法。《汉书·艺文志》记载：

楚太子因长期享受腐朽糜烂的内宫生活而沉疴不起，枚乘去探访他，此时的太子讳疾忌医。然而枚乘毕竟清楚太子得病的原因，也有帮助太子治病的方法。于是，他先直接指出太子得病的原因是："恋湎于享受，日夜无度，造成邪意侵袭在体内郁结，于是神思恍惚犹如酒醉，如长此下去则必命送黄泉。”接着，他向太子指出了一切过度享受的危害，如出入乘车过度会导致腿脚麻痹不能行走；久居深宫不见阳光会导致寒气郁结；纵欲无度的性生活无异于砍伐自己的性命；饮食过度无异于灌下一次次的毒药。这入情入理的疏导使太子不由得不信。在让太子自己认识疾病的危害，唤起其治病动机的基础上，枚乘进一步树立太子治病的信心：“你的病无需任何药物，只要通过心理疏导便可治愈。”太子连忙让枚乘快说说治病的办法，此时的太子终于表现出了治病的急切愿望。

双方的认同、病人的企盼成了太子转好的起点，于是枚乘把治病的办法一一道来，他劝太子走出深宫拥抱大自然。听田间村夫的民歌，吃粗茶淡饭，进行锻炼和运动，陶冶情趣，这样所有的疾病都会一扫而光。太子渐听渐信，越听越是。当枚乘欲奏圣贤之士的健身要言妙道时，太子已经从久病不离的床上起来了，并且出了一身的汗，病也就痊愈了。

抑情顺理法　抑情顺理法是用言语或行为解除当事人疑虑，帮助当事人建立新的认知以驱散致病情绪，从而达到治愈疾病的目的。《名医类案·诸虫》记载：

“一人，在姻家过饮，醉甚，送宿花轩。夜半酒渴，欲水不得，遂口吸石槽中水碗许。天明视之，槽中俱是小红虫，‘心陡然而惊，郁郁不散，心中如有蛆物，胃脘便觉闭塞，日想月疑，渐成疾患，遍医不愈。吴球往视之，知其病生于疑也。用结线红色者分开，剪断如蛆状，用巴豆两粒，同饭捣烂，入红线丸十数丸，令病人暗室内服之。须臾欲泻，令病人坐盆，泻出前物，然后开窗，令亲视之。其病从此解，调理半月而愈。”

③中医行为疗法。中医行为疗法是指采用中医治疗手段帮助当事人消除或建立某些适应性行为，从而达到治疗目的的一门医学技术。

习见习闻法 中医行为疗法中的习见习闻法是通过反复练习，使受惊敏感的当事人对刺激逐渐习惯而恢复常态的心理疗法，类似于现代行为治疗中的系统脱敏法。本篇开头张子和治疗受惊当事人的案例运用的就是这一方法。如张子和让两个侍女把当事人的双手按在高椅上，在当事人面前放置了一个小茶几，让当事人看着茶几，然后用木棒猛击茶几，给当事人施加刺激。当事人受惊后张氏又安慰当事人，使当事人的惊恐减缓，然后再次猛击茶几。这样又连着敲击茶几三五次后，用木杖再击门和窗。当天晚上又敲击门窗一直到天亮。当事人从此听到雷声也不害怕了。以上一系列击茶几、击门窗即是按刺激等级从弱到强、循序渐进达到脱敏效果。当事人从开始时对响声“惊倒不知人”到后来“虽闻雷声亦不惊”，就是通过逐步养成适应响声的习惯而克服了对响声的恐惧。值得一提的是，张子和治疗受惊当事人的习见习闻法，比西方系统脱敏法早了600 多年。

(3) 对现代生活的启示

①“心”整合着心身健康，要注重心身健康之间的相互影响。由于神藏于形体，形体及脏腑气血对于精神心理活动而

言，是基础性的。脏腑功能正常、协调，官窍通畅，气血能够加以滋养，形体的健康是精神心理活动健全的基础性条件。而神对于形，精神心理对于躯体脏腑，则起着主宰性的决定作用。如张景岳反复指出，“无神则形不可活”、“神去离形为之死”。形神两者通过“心”而相互影响、相互协调、合而为一。在日常生活中，要注意形神的统一，既要锤炼健康的体魄，又要注意精神的调养，才能维护心理健康。

②注重自身心理调节。中医心理治疗重视当事人自我心理调节，认为当事人自我心理调节能够从根本上提高对心理问题的免疫力，中医行为疗法中的气功疗法、课业疗法都是以一种积极主动的特定行为方式去改变消极心态从而治愈心理疾病。同时，拥有较好的自我调节能力对于配合心理医生的治疗也是很重要的。

③适度关注心理健康，不讳言也不妄言“心病”。传统中国人讳言“心病”，因为在中国的文化背景中，心病或思想、观念出现错误，会受到他人的歧视。时至今日，心理健康知识的大力普及使绝大部分中国人对心理健康的概念有一定认识。对于强迫症、心理变态等词语，我们不再陌生。我们比以往更加重视心理健康，不再回避心理问题。但却有不少人盲目恐慌患上心理疾病，对偶尔的口误或特殊情境中的行为失常都怀疑成神经衰弱等心理疾病，有的对轻微的心理症状过分紧张，以致演变为较严重的心理疾病。这些都不是正确的心理健康观念。所以我们要树立正确的心理健康观念，既不回避心理问题，也不过分紧张夸大正常心理现象。

④呵护国人心理传统，不要一味要求进行自我披露。中国人的心理健康观念有别于西方人，没有西方人易于接受揭露、分析性心理治疗。所以，在对中国人做分析性心理治疗时除了

揭露内在的心理困难或欲望外，还要特别注意如何帮助当事人消化、接受并处理好这些情绪或困难，以便能够将这些情绪压抑回收而不干扰惊动其现实生活状态。从咨询的角度看，一个人能适当地压抑自己的欲望，也是健康的表现，并非是次等的选择，不能一味认为揭露与分析才是高等的治疗操作。

3. 探访秘境：催眠与心理咨询

催眠状态是以被催眠者的意志服从于施术者的意志开始的，而没有这种服从就行不通。

——恩格斯

2004 年 10 月的一个中午，一场特殊的实验在四川大学心理学教授格桑泽仁的办公室里开始了。在格桑泽仁的助理、5 名学生、四川《天府早报》记者的注视下，格桑泽仁用他独特的催眠方式对该报另一名记者进行催眠。

中午 12 点过 5 分，格桑泽仁拿出一张白纸，在上面写了六字真言，他将纸交到接受催眠的记者手中，随后在记者耳边轻声絮语："让你的身体放松，你开始感到镇静。抛开一切烦恼，就像空中的云，消散、消散……没有烦恼、没有干扰。当你进入催眠状态时，你会感到越来越放松，可以体会到你想体会的感觉……你现在完全放松了。现在全身十分舒服，十分放松。你现在平静而且放松，舒服而且放松……现在想象一个美丽的地方，想象躺在沙滩上，看着蓝天上飘浮着的一片片的白云……"

大约 3 分钟后，格桑泽仁突然提气对着记者高喊："1、2、3，倒！"随着"倒"字的断喝，记者双脚一软，慢慢倒在地上，浑身犹如没有一根骨头似的瘫软。

随后，格桑泽仁继续在记者耳边呢喃低语："现在，整个力量集中在你的腰部，你能承受千万斤的重量！"记者软软的腰杆刹那间硬挺起来，犹如一根木棍。格桑泽仁指挥大家将记者抬起，头放在沙发上，脚放在茶几上，腰下留空，没有任何支撑。然后，他让一个在旁观看的女学生脱掉鞋子，站在记者的肚子上，100 多斤的人站在上面，记者的腰杆居然连晃也没晃一下……

大约 30 分钟后，格桑泽仁又低头在记者耳边低语："用鼻子吸气，你会越来越清醒，等会儿你醒来之后，所有的一切都将不记得，只剩下快乐与你同在！"3 分钟后，随着格桑泽仁的一声断喝："醒！"记者的双眼应声睁开，他双手搓搓眼睛，一脸的迷惘，虽然记者竭力想回忆刚才发生的一切，但什么都已经不记得了。

——摘编于 http://news.sohu.com/20041024/n222655552.shtml.

催眠，人们并不陌生。在很多影视作品里，被催眠的人能做出许多常人难以想象的举动，如回忆起现实中早已遗忘的事，甚至拥有飞檐走壁的超凡能力等等。催眠真有那么神奇的功效吗？它又是怎样治愈"心病"的呢？

(1) 从法术到科学：催眠的历史

催眠术的历史和巫术、魔法、医学的历史一样古老，早在几千年前人类文明的启蒙时代，古埃及、巴比伦、罗马、玛雅等地民族就已经有了关于催眠现象的记载，只不过当时还没有催眠这个名词。例如，古希腊阿波罗神庙中的僧侣便精通此道，他们在神庙的地上挖一个洞穴，让洞里充满硫磺蒸气，受施术者在宗教仪式前几天就要禁食，然后趁着身心疲累的时候走进洞穴吸收蒸气，之后便开始意识朦胧，随即陷入迷错状态。在这种状态中，他们能回答别人的问题，甚至能做出灵验的预言，人们把这种亦真亦幻的迷错状态认为是与神沟通的体现。这种“神托”的方法，在上古时期普遍存在于世界各地，而其实质就是一种催眠现象。

与此同时，人们也在无意间发现，催眠可以治疗疾病。例如，古埃及的医书上记载了一个事例：医生只要把手掌在病人身上停放一段时间，便可以把病治好。这在当时被认为是一种神秘的疗法甚至某种法术，但实际上其原理和现在的催眠疗法类似，只不过当时的人们还无法用科学来解释这一现象。

现代催眠术的历史源头可以追溯到18世纪的麦斯麦术，即动物磁气说。当时，出生于奥地利的内科医生麦斯麦认为，动物体内有一种磁力流体，当这种流体在体内流动遇到阻碍时就会生病，但这种磁力在“失迷”状态下可以被受过训练的人打通，疾病也就被治愈了。他和他的学生因此建立了通磁治疗所给人治疗疾病。

有一次，麦斯麦的一个学生在给一位病人作通磁术，在应出现“健康转机”时，病人却安静地睡着了。这时，叫他、摇他，都不能使病人醒来。约过了一刻钟左右，病人忽然爬起来，走路、说话、做事情比平时更加敏捷，而奇怪的是这时病人仍处于睡眠状态中，麦斯麦和他的学生把病人的这种状态叫作“梦游”。在梦游时，病人对医生所讲的话惟命是从，譬如告诉病人，“现在你很快乐”，他确实真的以为自己很快乐了；告诉病人，“现在你是在参加宴会”，病人就郑重其事地同想象的客人作出种种应酬。但是，这一切，在病人醒来以后，却一无所知，一点也记不起来了。病人在接受通磁术后出现的安睡，实际上是在通磁情境中促成的催眠状态。

到了19世纪后期，英国外科医生布雷德首次提出“催眠术”的概念。不过，他认为催眠并不是通磁的结果，而是一种心理作用，是注意力高度专注的结果，并提出了“视神经疲劳说”。在他看来，催眠只是神经的一种睡眠状态，是由于眼睛长时间盯住单调的物体而引起的神经疲劳所致。随后，德国医生李厄保开始把催眠术用于临床实践，成为第一个正式应用催眠疗法来治病的医生。在大量研究与实践的基础上，他创立了以“暗示说”著称的“南锡学派”，强调受术者进入催眠状态是由于语言暗示的诱导作用。很显然，与“视神经疲劳说”侧重从生理学角度解释催眠现象相比，“暗示说”侧重于心理学方面的解释更科学、更符合客观实际。当暗示这一催眠的核心成分被揭示出来以后，催眠便日益被纳入到心理治疗方法的范畴，并广泛地应用到医学、司法以及与心理学相关的各种领域之中。

第二次世界大战以后，催眠的应用和研究得到了更大的发展，催眠治疗的地位也得到了很大提高。1949年美国成立了“临床和实验催眠学会”。而后英国医师协会和美国医学会等机构先后对催眠术进行了认定，允许在精神医疗的临床中使用催眠术，并制定了催眠术的施术资格认定制度。而催眠术也作为一个正式的职业在美国及其他许多西方国家发展起来。至此，以神秘“法术”起家的催眠术，最终得到了科学领域的正式认可。

(2) 雾里看花：催眠是什么?

作为心理治疗的方法之一，催眠疗法是运用暗示的方法，使病人产生一种特殊的意识状态，处于催眠状态的人受暗示性会明显提高，会不加批判地接受医生的暗示指令，从而达到治疗的目的。催眠不是“催人入眠”，而是运用催眠状态的情景作为暗示性刺激，使人进入催眠状态。由于目前尚未找到确切术语，故“催眠”一词使用至今。催眠为什么具有心理治疗作用，可以从三个方面理解。

①休息作用。俄国生理心理学家巴甫洛夫认为，催眠性睡眠与自然睡眠在本质上是一致的，都是大脑皮质的保护性抑制，即通过抑制神经细胞的活动，使细胞得到休息并恢复其功能。二者相比，催眠性睡眠的效果更佳。巴甫洛夫说：“借助加深、增强及促进保护性抑制的方法，我们可以促使大脑皮层已经受障碍的过程迅速地恢复。”他还说：“抑制是神经系统活动的拯救者。”也就是说，催眠性睡眠是恢复神经系统功能的有效办法。

②暗示作用。暗示能治病是众所周知的，可以说催眠的本质就是暗示。浪赛派催眠鼻祖李波将病人诱导至深度催眠状态后，直接对病人说：“你的病已经痊愈。”病人醒来后，疾病症状果然消失。

③疏泄作用。以精神分析学说为基础的精神动力学派认为，只要把压抑在病人无意识中的精神创伤引导到意识层面上来，其症状就会自行消失。根据催眠的相关理论，在催眠尤其是深层催眠的状态下，个体平时所意识不到的各种心理因素能

够浮现，从中可以找出当前心理问题的成因和对策。

(3) 出神入化：催眠术的实施

催眠术的实施是一个极为复杂而专业的过程，需要经过专门的训练。一般而言，要进行安全有效的催眠，不仅要注意环境安静、舒适，还需要遵循一定的催眠程序。

①准备阶段：催眠师应与来访者进行良好的精神接触。了解被催眠者的心理问题，接受催眠的动机与需求，询问他对催眠既有的看法，解答他有关催眠的疑惑，从科学上解释催眠的本质。确定他知道催眠时会发生什么事情而没有不合理的期待。然后经过感受性测验确立施术方案，根据不同的个体、不同问题，选择适当的催眠方法、催眠指导语，制订催眠方案。

准备阶段最重要的一个步骤就是对受术者的催眠感受性进行测量。催眠感受性，是指受术者对催眠暗示的敏感程度，或者说进入催眠状态的难易程度。催眠感受性强者，容易进入催眠状态，反之则不易。从理论上讲，人群中有10%的人为高感受性者，容易被催眠且能达到深度催眠状态；而10%的人感受性差，难以被催眠，或者无法进入深度催眠状态；另外80%的人居中。所以，掌握受术者的催眠感受性高低从而有的放矢地进行诱导，是催眠师成功的重要秘诀。常用的催眠感受性检查方法有很多，这里介绍几种简单易行的方法：

第一，注视转睛法。施术者面对被试，伸出食指，令被试凝视其指尖，观察其能否较久地注视手指而不看其他东西。然后上下、左右地缓慢移动手指，观察其眼球是否能随手指移动。如被试的眼珠能较久地跟随手指而动，则说明其催眠感受性强，反之则弱。

第二，闭眼法。令被试静坐，全身放松，微闭双眼。施术者坐在其对面，观察他的眼睑是否眨动，眼球是否频繁移动。眼睑眨动、眼球移动者催眠感受性弱。同时，可询问被试在此过程中是否有杂念，回答“有”者感受性弱。

第三，举手法。施术者面对被试稍坐片刻，然后要求被试按照口令举起左手或右手，多次交叉进行。如被试能按指令执行，则其感受性强；如经常举错，说明被试注意力不集中、催眠感受性弱。如果举错手能立即自行更改，说明其有一定的感受性。

第四，摆手法。让被试站立，双手同时前后摆动，当听到施术者叫停的口令时立即停止。在被试双手摆动数次后，当其双手向前摆动时立即叫停，观察其手是否固定不动，不动则说明感受性强；恢复原来站立时双手自然下垂位置者，感受性不强。

第五，错觉法。拿两杯红糖水，对被试说，其中有一杯是红酒。如果被试通过目测，果真认为有一杯是红酒，说明其感受性强；反之则弱。

②诱导阶段：催眠师运用语言引导，让对方进入催眠状态。一般而言，常用的诱导技巧有渐进放松法、眼睛凝视法、深呼吸法、想象引导法、数数法、手臂上浮法，以及其他方法。这里介绍最常用的一种：语言暗示加视觉刺激法。

使用这种方法时，一定要有视觉道具，如摆钟、灯（不能太亮）、钢笔等。首先让被催眠者的目光集中或凝视于这一道具上，同时催眠师用语言来诱导。视觉刺激能起到集中注意力、引起视神经疲劳的作用，有利于被催眠者进入催眠状态。视觉刺激的时间一般在2~5分钟。

方法一：被催眠者取坐姿，身体和头靠在椅子上，两手自然放在两腿上，以舒适为原则。催眠师坐在被催眠者旁边或斜对面，手拿道具，放在被催眠者眼前约15厘米的地方，令被催眠者凝视，让其将注意力集中于物体的某一点上。2~5分钟后，催眠师用低沉、单调的语言加以暗示："你的眼皮觉得沉重了，你的眼珠发胀……你的眼睛疲倦了，你开始发困，越来越沉重了……你的眼睛睁不开了……你很想睡觉了，你的眼皮合在一起了，闭上了……你可以闭眼睛，你睡吧……睡吧。"当被催眠者闭上眼睛后，应进行从头到脚的放松暗示，使其进入催眠状态。暗示语为："请放松头皮肌肉，放松眼皮肌肉，放松面部肌肉，放松颈部肌肉，放松肩部肌肉，放松两臂肌肉，放松胸部肌肉，放松背部肌肉，放松腹部肌肉，放松臀部肌肉，放松腿部肌肉，放松脚部肌肉。好了，现在你的全身已经放松，请体会一下放松后的感觉，你现在感到全身轻松，心旷神怡。渐渐地，你会进入催眠状态，进入催眠状态以后，外面的事和声响你都听不见，但我的声音你始终听得很清楚，你始终与我保持着单线联系，并按我的要求去做。好了，现在你已经进入催眠状态，不能动了，也不想动了，只感觉到很舒服。”

方法二：让被催眠者取卧姿，躺在催眠床上，双目微闭，握紧双拳，全身用力，深呼吸6次，再缓慢舒展身体，睁开双眼。然后按方法一的操作程序进行凝视和放松。

③深化阶段：引导被催眠者从轻度催眠状态进入更深的催眠状态。常用的深化技巧有手臂下降法、数数法、下楼梯法、搭电梯法、过隧道法等。这里介绍廖阅鹏在《催眠圣经》中展示的下楼梯法。

现在想象你就站在楼梯上准备向下走，这个楼梯共有十级，我会引导你一级一级向下走，每往下走一步，你就会进入更深的催眠状态，你的身体会更轻松、更舒服，你的心里会更宁静、更安详。当你走到楼梯底下的地下室，你就会进入平常觉察不到的潜意识，勾起很多重要的记忆，获得很多帮助，对自己有更多的认识。

现在向下走到第一个阶梯，身心都更放松了。继续往下走到第二个阶梯，你感觉到脑海里越来越宁静。继续往下走到第三个阶梯，你很喜欢这种越来越放松的感觉。继续往下走到第四个阶梯，你的呼吸更加顺畅，每一次吸气的时候都会把一种非常舒服的感觉吸进来。继续往下走到第五个阶梯……你越来越深入潜意识了。继续往下走到第六个阶梯，全身进入一种非常舒服的状况，好像所有的压力、束缚都消失了。继续往下走到第七个阶梯……你很喜欢现在这种轻松舒服的感受。继续往下走到第八个阶梯，你越来越深入你的潜意识，进入一种仿佛回到心灵故乡的心情，充满安全与宁静的感觉。继续往下走到第九个阶梯，即将到达深度放松的催眠状态了。继续往下走到第十个阶梯，仔细品味、感受，好好的享受深度放松的滋味……你即将走入地下室……去探索你的心灵深处……

一般而言，催眠状态由浅入深可以分为：

浅度　意识清晰度下降，呈嗜睡样，肌肉微松弛，感到疲劳无力，眼微闭，保持着认识和判断能力，如给予白开水喝时，虽施术者暗示是糖水，受术者仍能辨别。在浅催眠状态下，施术者的暗示应恰如其分，否则会遭到受术者的抵抗。醒来后，对于催眠状态中的暗示内容及周围情况的变化能回忆，甚至认为根本未睡，只感迷迷糊糊，疲乏无力，不想动。无论怎样，受术者醒后会感到轻松。

中度　意识呈恍惚状态，意识范围缩小，在催眠下肌肉明显松弛，不能抬脚举臂，对于相似或近似事物辨别能力减退，而对有鲜明差异的事物能识别，如给予白开水喝时，暗示是糖水，则会感到是甘甜的糖水。失去自主能力，在施术者的指令下，可睁眼、起坐、书写，能叙述发病经过和内心痛苦的体验，有时也会出现抵抗。清醒后，对催眠状态下的情况部分能回忆，而对周围发生的情况则模糊不清，体会到："像是个机器人，只想听从施术者的指令，与其他人不能建立起联系，周围声音的干扰并不起作用，醒来后还想睡，但已心满意足了。"

深度　这时意识范围明显缩小，只能与施术者保持联系，对外周其他刺激毫无知觉，面部表情呆滞，绝对服从施术者的指令，丧失分辨能力。在暗示下针刺无疼痛的感觉。能毫无顾虑地陈述心中的隐秘，甚至埋藏已久而被"遗忘"的事情也能回忆起来。如果在深度催眠状态下暗示他睡了几个小时（实际仅睡几分钟），清醒后受术者会感到精神振作，精力充沛，相信自己已睡了几个小时。在催眠中自己削苹果吃后不能回忆。清醒后不知口中苹果香味从何而来，记不起催眠中的情况，呈完全性遗忘。

④治疗阶段：视被催眠者的需求来治疗，催眠师需要相当好的心理治疗与精神病理学背景，这里是《催眠圣经》中的一个治疗案例。

咨询者：现在我会慢慢从一数到十，当我数到十的时候，你的潜意识会自动引导你回到过去的某一段时光，一个对你来说具有关键影响力的事件，也许是你的前世，也许是你的童年，也许是最近的时候，看到什么，想到什么，都把它说出来。说出来以后，你就会觉得心情很好，很多负面情绪就会释放掉。

很快地，她的泪水从眼眶里溢出，鼻子的肤色转红，露出哀伤的神情，接着开始哽咽，起先还有点含蓄，再一会儿，从哽咽升级成啜泣。不久，啜泣再度升级成嚎哭，整个咨询室的空间被爆炸般的哭声震动着。

等到哭声告一段落，衰减成断断续续的呜咽时，我才开口问她："刚刚发生什么事？"

她含着眼泪告诉我，她回到五岁的时候，有一天妈妈出门，她想跟着去，妈妈不知道为什么不让她跟着，还严厉要求她留在家里，不准跑出去。就这样，她一个人待在家里，一直哭，哭累了就睡，整天都很担心、很害怕，不知道妈妈会不会遗弃她，再也不回来了。最后，傍晚时，妈妈回来了，也没有安慰她，就开始煮饭，仿佛一切都没发生过。这个事件她已经有将近二十年不曾想起过，她很惊讶刚刚会哭得这么剧烈，也觉得这个事件竟然浮现得这么清晰逼真，情绪竟然涌现得如此凶猛，实在难以置信。

我引导她以现在成年人的表达能力，再度回到五岁，等她妈妈傍晚回来时，告诉她："妈妈，今天你把我一个人丢在家里，我好伤心，好害怕，觉得就像世界末日一样，万一你不回来了，我就成了孤儿。妈妈，以后你不要丢下我，如果你不能带我一起去，也要告诉我原因，好不好？"

咨询者：妈妈听了这段话之后，怎么回答？

来访者：妈妈听完以后，就拥抱我，并且向我道歉，说："妈妈非常爱你的，请你原谅妈妈，以后我一定会照你所说的来做。"

接着，我引导她重新把这个事件经历一遍，这次她就能够以平静、超然的态度旁观整个过程了，似乎现在对她而言，只是一段普通的回忆。

⑤催眠唤醒：要使催眠中的受术者觉醒过来并不费力，只要说一声："喂，醒来"就行了。但若是过急的醒来，即使醒了，头脑有时也不会完全清醒，且会给受术者带来不安及一系列的不适感觉，如乏力、头痛、眩晕和心悸等。因此，在唤醒受术者之前，应暗示受术者自我感觉良好，精神饱满、愉快、活泼和自信。正确地进行催眠并慢慢地让受术者醒来，那么，在清醒之后，受术者就会自觉良好，变得更加清醒。常用的唤醒方法是计数法：现在你该清醒了，我将喊 1、2、3 把你唤醒，当我喊到 3 的时候，你就会完全清醒，醒来后觉得很舒适、很愉快。我开始喊了……1，你开始清醒了……2，你的肌肉变得有力了……3，头脑清醒了，完全清醒了，非常舒服，舒服极了，舒服极了。

一般一次催眠的时间持续一个小时左右，但可根据催眠中要解决的不同问题作出调整。作为治疗性的催眠起码要有5次治疗，第一次为适应性治疗，第二次才真正开始治疗；一般每10次为1个疗程。当然，由于个体的差异，有的人并不一定需要做完整个疗程就可以全面恢复。

（4）勿入雷区：催眠禁忌

催眠虽有着自身独特而神奇的疗效，但它也并非包治百病的灵丹妙药。我们必须认识到，有些情况下是不能进行催眠治疗的。一般来说，催眠禁忌包括以下几个方面：

A. 有精神病家族史或精神病史的人。这类人若被催眠，很有可能诱发精神病。

B. 正在发作期的精神病人。这类病人在催眠状态下，可能促使其病情恶化或诱发妄想。

C. 癫痫病人。这类病人被催眠会使病情加重。

D. 肺气肿病人。这类病人被催眠可能发生意外。

E. 有严重心血管疾病的人。这类病人被催眠容易发生意外。

F. 年老体弱者。这类人一是不容易被催眠，二是可能发生意外。

G. 对催眠有严重心理恐惧，经解释仍不能消除者。

(5)在半梦半醒中解压：日常生活中的自我催眠

自我催眠是一种开发自身潜能进而自我消除疾病的保健方法。它不仅能够帮助人们从紧张不安的精神状态中解放出来，使人的心情愉快而轻松，从而防止心身疾患的发生，而且还能治病强身，增强体质，提高健康水平。在当今急剧变化、竞争激烈的社会里，自我催眠法无疑提供了一种有效的身心松弛和心理减压的工具。可以说，它就像“心灵健美操”一样对各个领域、各个年龄阶段的人都有帮助。

进行自我催眠对环境有一定的要求，最好选择自己的房间、寂静的公园等安静、可以平心静气的地方。如果可能的话，最为理想的是在自己的家里独处一室。如无此条件，可选择家人外出之际或当家人卧床休息之时进行训练。同时还应该考虑光线的明暗、气温的高低、通风状况是否良好等条件。为了尽可能减少外来刺激的影响，练习过程中最好能够将眼镜、腰带、领带、手表、袜子等易于让人感到束缚的东西松开，或者干脆解开脱掉。

①磁带录音催眠的方法

将催眠师或自己的催眠诱导暗示语言灌制在磁带中，自我催眠时根据磁带录音的指示语进行催眠诱导，便能进入自我催眠状态。觉醒时也按磁带的暗示语进行。进入催眠状态所花的时间长短是因人而异的，有的人听一次就能成功，也有人要反复听十几次才能进入催眠状态。借助磁带录音、催眠光盘练习自我催眠时，无论反复多少遍都行，直至掌握为止，非常方便。

②自律训练法

自律训练法，是德国著名精神病学教授亨利·舒尔茨于1932年创立的一种自我催眠法，是目前国际上最为权威、有效的身心调整术之一。它比较简单易学，每天只需花5~20分钟的时间进行练习，不久便会取得预期的效果。正如著名神经学家得拉所说："即使经过几年的冥想和一年的瑜伽练习，我也没能像练'自律训练法'那样彻底放松。这是一个优雅的、可信的、灵活的系统。因此我愿意把它推荐给学习者。无论你是想达到优秀或者只想感觉好一点，都不妨试一试。"

自律训练法的标准练习共有六个步骤，每个步骤约需要两周时间进行训练。一个步骤熟练掌握以后再开始下一个步骤的练习，如此循序渐进，直到六个步骤全部掌握为止。完全掌握该方法大约需要两到三个月的时间。

训练时取坐或仰卧姿势。坐姿要求含胸收腹、下颌内收，双手自然放在腿上；卧姿要求两脚稍微张开，两手放在身体两侧。

第一个步骤：手脚沉重练习。这项练习的目的是使身体放松。练习从右手开始（左利手者从左手开始）。摆好姿势后，开始放松自己的右手，然后体验放松后产生的沉重感，并可自我暗示："手越来越重，重得像铅块。"接着再放松左手、上身、右腿、左腿、右脚、左脚，同时关注这些部位的沉重感。以这种方式反复练习，直至可以随时产生手脚的沉重感为止。

第二个步骤：手脚温暖训练。这项训练的目的是用意念控制血管的紧张度，进而使四肢和体表的温度可以随意念的引导而升高。暗示的顺序也是从手和脚开始。反复练习直至手、脚温热感可以随时出现为止。

第三个步骤：调整呼吸。在手脚变得沉重和温暖后，要进一步关注呼吸，可以暗示自己："我的呼吸变得平稳、自然、轻松、有节奏。"如此练习一段时间，呼吸就会变得深沉、缓慢。这种锻炼，可以使人精力充沛。

第四个步骤：调整心跳。舒尔茨曾采用这种方法治疗一些心血管疾病。这项练习是在前三项已熟练掌握后才开始的。练习时可暗示自己："我的心脏跳动稳健、有力、富有节奏和规律。"为了能感觉心脏的跳动，练习时可以将右手放在心脏部位以检查心跳的情况。做这项练习时，最好有医生进行指导，有心脏病者尤其应当注意按照医生的嘱托进行。

第五个步骤：腹部发热训练。在做完前四个步骤的练习后，就可以进一步关注胃部和腹部，可暗示自己："我的胃部热乎乎的，很舒服，腹部也在发热。"此时可把精神集中在肚脐周围，体会这种热感。

第六个步骤：前额清凉训练。此项训练应在熟练掌握前五项的基础上再进行。练习时暗示自己："我的前额凉爽、舒适，我的前额十分清凉。"为了产生这种感觉，一开始可以在前额擦点酒精或冷水以帮助训练，熟练后则不再需要辅助物。这项练习可用于治疗头昏、偏头痛等。

二、透视内潜意识

——分析触动心灵

精神分析认为，人们现在的状况是过去经验所造成的，个体行为的表现是冲动的或无意识的，往往受到过去喜、怒、哀、乐等情绪的影响。通过梦的分析、自由联想等方法，我们能够重新认识早期经历，摆脱心理问题、实现成长和人格重组。

4·被压抑的记忆会影响生活吗：弗洛伊德的经典精神分析

知道症候的意义便可使症候消失。

——弗洛伊德

爱德华大夫是一位年轻有为的精神病专家，他被推举为格林玛纳斯精神病疗养院的新任院长，来接替即将退休的默奇逊大夫。年轻貌美的康丝坦丝是该院一名出色的医生，她待人热情友善，深受医院的同事和病员们的爱戴。

当英俊潇洒的爱德华大夫出现在医院餐厅的时候，康丝坦丝不禁为他那迷人的魅力所吸引。他们在餐桌上愉快地交谈着，她兴奋地向爱德华介绍疗养院附近的游泳池，随手用餐叉在桌布上划出那些弯曲的泳道。爱德华对她的这种举动表现出非常不安，面部神经抽搐起来，他说，这些东西看起来简直令人感到厌烦。

康丝坦丝被爱德华的异常反应所触动，心里不由得产生了疑问。但爱德华大夫对康丝坦丝也萌发了爱慕之情，他约康丝坦丝下午一起到外面散步，两人在彼此了解中建立了感情，他们很快便坠入了爱河。晚上，康丝坦丝控制不住自己的感情，她寻找借口走进爱德华的房间。两人热烈地拥抱着，突然，爱德华看见康丝坦丝睡衣上那些带条纹的图案，他惊恐地推开恋人，似乎在强烈地躲避着什么……

在医院的手术室里，爱德华大夫的精神又一次受到外部事物的刺激，晕倒在手术台旁。康丝坦丝对爱德华的种种异常的行为，产生了戒备之心。她仔细对比了爱德华大夫在著作上的签名和他写给自己的字条的笔迹，发现两者有所不同，也就是说眼前的这个爱德华是个冒名顶替的人，那么他又会是什么人呢？

爱德华终于对康丝坦丝吐露了实情，这令她大吃一惊。原来，真正的爱德华大夫已经被他杀死了，但是他的真实身份却不得而知，因为他已经失去了对过去的记忆。康丝坦丝凭她做医生的直觉判断，眼前的爱德华并不是杀人凶手，他仅仅是在幻觉中把自己当成了杀人犯。爱德华不想让康丝坦丝为他担心并且受到连累，他独自一人离开疗养院，来到纽约帝国饭店暂时住下来。

康丝坦丝见到爱德华留下的便条，随后立即赶到帝国饭店，寻找自己的恋人。她发现爱德华在饭店登记的姓名是约翰·布朗。布朗对她的真诚和善良感到无比激动，他们彼此拥抱着，发誓永远不再分离。康丝坦丝尝试帮爱人找回失去的记忆

他们来到天使谷，布朗回忆起自己因为在一次意外事故中失手，酿成了弟弟死亡的悲剧。康丝坦丝把它与爱德华事件联系起来，得出了一个答案：爱德华大夫与布朗一

起在山谷里滑雪，突然爱德华在他前方偏离滑道，坠入了深渊。布朗因此认定是自己杀死了爱德华大夫。当地的警察不久便在出事地点附近，找到爱德华大夫的尸体，经法医检验是被枪击致死的。于是，警方立即逮捕了有重大嫌疑的布朗。

布朗被捕以后，康丝坦丝回到了疗养院。虽然她坚信布朗是清白的，但是真正的凶手仍然逍遥法外。默奇逊医生与康丝坦丝交谈时，无意中透露出他曾经与爱德华大夫有过来往。康丝坦丝顿时醒悟到了什么。后来她来到默奇逊医生的办公室里，当面分析布朗的梦境，以便观察默奇逊的反应。当她说到布朗梦中出现的手里拿着一个轮子的人时，马上联想到这可能是一只手枪的象征。不料，这时默奇逊把作案的凶器，一把左轮手枪掏了出来，并且用它对准了康丝坦丝。

默奇逊赞赏她的心理分析能力，不过他指出可惜她是个愚蠢的女人，不该把这一切告诉凶手。因为对凶手来说，杀一个人同杀两个人并没有什么区别，所受到的惩罚都是一样的。面对枪口，康丝坦丝表现得异常冷静。她对默奇逊说，第一次犯罪警方因证据不足，也许不能对他实施法律制裁，他可以继续从事他的工作。但是如果他愚蠢地再次杀人，两罪并重必将受到法律的严惩。默奇逊听到这番话，心理充满了矛盾，最后他掉转枪口畏罪自杀了。

这是电影《爱德华大夫》的剧情梗概，它多处运用了精神分析和心理治疗的方法与技术（如自由联想、梦的解释等），简单展示了弗洛伊德的经典精神分析。

(1) 无意识的心灵

①童年经历。弗洛伊德认为人的童年经历对人具有重大的影响：在出生后的五年里发生的事情，几乎是具有决定性的。远离了童年以后，我们一直保有最初五年的生活印记，虽然这些记忆都深埋于潜意识之中，我们不能直接意识到它的存在。但按照弗洛伊德的看法，一个人病态心理的形成，可以追溯到他童年时期所经历的生活，尤其是他所经历的挫折在他幼小的心灵里留下的阴影。在影片中，假扮爱德华大夫的约翰·布朗，看到白色和条纹时，他显得很紧张，并带有昏倒或犯罪的倾向，这和他童年时因为无意识导致了弟弟的死亡有关，在心里他认为自己一定是个凶手，因而谴责自己。当爱德华大夫死后，他本能的把自己幻想成爱德华大夫，来掩饰自己错认自己是凶手的想法，这些都源于他童年时对弟弟死亡事件的一种情结。这里，两条平行线条（代表着门前的两个滑台，是弟弟意外死亡的地点）仍然起着某种作用，使他产生恐惧紧张……

②潜意识。弗洛伊德不仅提出童年期的经验影响成人的人格，而且提出这种影响作用是通过一种独特的途径而发生的——即通过潜意识的精神作用。潜意识（无意识）的提出是弗洛伊德的伟大发现，他认为，无意识储藏和保存着童年生活的每一个情感方面。他还进一步把人的脑解剖模型分为三个部分：意识、前意识、潜意识。意识即指的是人们正意识到的想法，是个人当前觉知的心理内容。前意识即指那些容易带人意识的想法。而潜意识是一个人精神生活中不能直接感知到的

那部分精神生活，是被意识系统所排斥的内容与过程，需要付出巨大努力才能使它们回到意识中来。

③压抑，是弗洛伊德精神分析理论的核心概念。在弗洛伊德看来，是压抑这个强有力的力量阻止了人对于无法接受的观念和冲动的觉知。压抑对于每个人的情感平衡具有根本性的作用，是自动的、无意识的又是累积的。当压抑没能成功地把我们最为痛苦的观念和无法接受的冲动抑制住时，疯狂和神经症就闯入了意识。

(2) 说出心中的一切：释放潜意识

①自由联想或“说出心中的一切”。自由联想就是鼓励当事人尽量自由地、无拘无束地表达自己的想法，不要介意所说的是否正确。咨询师会这么说：“在治疗中你需要做到的是，任何在你头脑中出现的想法、情感、幻想，不要加思考、不要加判断，立即说出来。”或“你想说什么就说什么。事实上，想到什么就说出来最有帮助。”在咨询中，有时会使用躺椅来帮助访者进行自由联想，这时，咨询师完全不在来访者视线范围内（一般坐在来访者头部上方），为的是让来访者更加放松，更容易接触到他们的内在世界和孩子般的情感。自由联想技术旨在帮助来访者更充分的谈论自己，使人们的“内心真情”好像能够在不知不觉中流露出来。

在来访者自由联想时，对于咨询师的要求是少讲话，更多地倾听来访者关于内心世界的描述，而当咨询师的沉默寡言让当事人感到失望时，要让当事人认识到咨询师始终是跟他们站在一起的。在影片中，康丝坦丝让约翰·布朗说出他想到的任何事物，然后再对他说出的事物进行分析，展示的就是自由联想法。

②对梦境的诉说。弗洛伊德认为，梦不像其表面显示的那样只是一堆毫无意义的表象，它是通向无意识的捷径，研究梦的内容和梦的工作为我们了解潜意识心理过程打开了一扇重要的窗口。弗洛伊德相信做梦的主要功能是使睡眠不受原始的性和攻击冲动的干扰。同时，在持续的睡眠中，睡者被梦伪装了的愿望得以满足。梦不仅仅是宣泄的方式，还包含着象征：以一件事代表另一件事。在影片中，布朗躺在长沙发上，说出了自己的梦境：

我无法描述这是一个什么类型的地方，大概是一个赌场，没有面目的人自己玩着纸牌，只有巨大的帘子，上面印着很多眼睛，一个人拿着一把大剪子把那些帘子剪成两半……长胡子的人站在斜塔边，我远远看去，听到一声巨响，就见他慢慢的翻下去了，脚上穿着滑雪板。那个赌场的主人戴着面具，手拿着一把变形的小轮子，我看到他把轮子扔到屋顶上，突然我在奔跑，一只巨大的翅膀几乎遮盖了我。

③以白日梦和幻想的方式展开。弗洛伊德把白日梦看作是“潜意识流露的捷径”，他鼓励病人向他谈论他们的白日梦。以此对那些来自于个体人格中更深层次的防御进行解释。假定认为，白日梦中的事件象征性地描述了日常生活中的人们、冲动或者是生活情境。

④沙盘、绘画等。当来访者是儿童时，期望他们能够用话语来表达其内心冲突是不可能的事。因此大多数儿童精神分析

学家利用玩具来让儿童把他的恐惧和担心具体外化。一些诊治成人病人的治疗师也发现，运用表达技术是有益的，比如美术、雕塑和诗歌。

(3) 解析与人格重组：从潜意识转入意识

咨询师要了解当事人的潜意识，需要对自由联想得到的资料、梦境、咨询师与来访者之间的关系进行解释，明确指出这些资料、事件、情感背后潜藏着的本质意义，使其从无意识转入意识，才能帮助来访者打破旧的联结，建立新的联系，恢复正常心理。

①识别并分析阻抗和防御。自由联想过程中，病人在谈到某些关键问题时会表现出联想困难，如出现谈话中断、叙述缓慢、沉默不语等，而且对梦的任何细节都回忆不起来。这就是治疗过程中的“阻抗现象”，意味着病人有意或无意地不愿将其想法或感受同治疗师交流。再如迟到，忘记预约时间等，也可能是阻抗使然。关于阻抗与防御分析，弗洛伊德提出一个重要的原则：“先于内容解释阻抗，”即：治疗师首先要指出病人的阻抗，让病人注意到自己的阻抗，以后，等待适当的时机，再与病人一起探索为什么要阻抗，以及想要防御的是什么。

②梦的解析。通过对梦进行分析，可以揭示出被人压抑到潜意识中的过去事件，帮助来访者理解他们问题的根源，进而进一步控制自己，获得更加自由的行动。梦的分析依赖于来访者对梦展开的联想，这是分析梦的基本原则。在《爱德华大夫》这片中，我们看到康丝坦丝大夫坚持引导布朗说出他的

梦境，通过对这个梦的解析最终帮助布朗恢复了记忆：赌场可能是布朗和真正的爱德华大夫一起到过的场所，玩纸牌，代表着欺骗和阴谋。巨大的幕布和眼睛及锋利的剪子代表企图掩盖真相，一个长胡子的人站在斜塔边，斜塔边可以代表雪山，那个长着胡子的人可能就是真正的爱德华大夫，一声巨响可能代表枪声，慢慢的翻下去了代表爱德华大夫被谋杀，没有面目的赌场的主人手拿着变形的轮子，代表左轮手枪，奔跑可能代表受到刺激而逃避，巨大的翅膀可能与雪崩或事发地点有关。

③移情的运用。弗洛伊德认为，人们所有的关系都是移情的关系。据此，他认为，人类总是把过去生活中对某些人的感知和体验安到新近相识的人的身上。所有的人际关系都是由过去的记忆激活的。也就是说，过去生活经历中某些重要的人际关系无意识地在现今的人际关系中表现了出来。对于接受精神分析训练的咨询师来说，他们极少与来访者一起分享他们自身的感情或生活。原因是咨询师正试图把他自身看作一张“白纸”，来访者可以把他的白日梦或深藏于心的有关亲密关系的假设在上面涂抹“移情的图画”。治疗师期望经过几个星期或者是数月的持续治疗后，来访者对他的感情就像是对过去生活中的重要权威人士的感情一样。也就是说，如果来访者像孩子一样，在其母亲面前表现出被动和依赖的行为，那么她在治疗师面前也将再现这种行为。通过中立和分离，治疗师确信，来访者会产生把其母亲、父亲等人投射到治疗师身上的结果。这个过程叫移情，在精神分析治疗中，移情是一种有力的治疗方法，因为当这些关系在咨询室中再次重现时，治疗师通过移情技术能够观察到来访者童年早期的情况。

在所有心理咨询理论中，弗洛伊德创始的精神分析学派是历史最悠久，影响最深远的一派。它对我们现代生活的启示主

要在于，一是因为压抑在潜意识中的情感仍然会影响心理健康，所以我们在日常生活中不要过分压抑不良情绪，而要注意适度表达；二是童年成长的经验，对成人的功能和生活会有深远影响，我们要注意减少个体成长儿童时期的挫折感等创伤经历；三是精神分析可以帮助我们通过自由联想、梦境分析等度量潜意识，并把潜意识带入意识而恢复心理健康。

5.超越自卑　追求优越：阿德勒的个体心理分析

我们每个人都有不同程度的自卑感，因为我们都发现我们自己所处的地位是我们希望加以改进的。

——阿德勒

一只巴掌照样拍响

她从小就“与众不同”，因为小儿麻痹症。随着年龄的增长，她的忧郁和自卑感越来越重，甚至，她拒绝所有人的靠近。但也有例外，邻居家那个只有一只胳膊的老人成了她的好伙伴。老人是在一场战争中失去一只胳膊的，老人非常乐观，她非常喜欢听老人讲故事。

这天，她被老人用轮椅推着去附近的一所幼儿园，操场上孩子们动听的歌声吸引了他们。当一首歌唱完，老人说：“我们为他们鼓掌吧！”她吃惊地看着老人，问道：“我的胳膊动不了，你只有一只胳膊，怎么鼓掌啊？”老人对她笑了笑，解开衬衣扣子，露出胸膛，用手掌拍起了胸膛……那是一个初春，风中还有着几分寒意，但她却突然感觉自己的身体里涌动起一股暖流。老人对她笑了笑：“只要努力，一只巴掌一样可以拍响。你一样能站起来的！”

那天晚上，她让父亲写了一个纸条，贴到了墙上，上面是这样的一行字：一只巴掌也能拍响。那之后，她开始配合医生做运动。父母不在时，她自己扔开支架，试着走路。蜕变的痛苦是痛及筋骨的。她坚持着，她相信自己能够像其他孩子一样行走，奔跑……

11 岁时，她终于扔掉支架。她又向另一个更高的目标努力，她开始锻炼打篮球和田径运动。1960 年，罗马奥运会女子 100 米跑决赛，当她以 11 秒 18 第一个撞线后，掌声雷动，人们都站起来为她喝彩，齐声欢呼着这个美国黑人的名字：威尔玛·鲁道夫。那一届奥运会上，威尔玛·鲁道夫成为当时世界上跑得最快的女人，她共摘取了 3 枚金牌，也是第一个黑人奥运女子百米冠军。

摘自栗国评. 自卑爆发力量　力量超出我们的想象［M］. 北京：军事谊文出版社，2005

威尔玛·鲁道夫，这个怀有深度自卑的残疾女孩，就像破茧而出的蝴蝶，从对自卑的超越中达到了自我实现，她深刻地诠释了阿德勒以“自卑与超越”为主题的个体心理学。

(1) 超越自卑，追求优越：个体心理分析的基本理论

①自卑与补偿

阿尔弗莱德·阿德勒（Alfred Adler，1870～1937 年），是奥地利著名的精神分析学家和心理学家，个体心理学理论的创立者。在他的理论中，自卑与补偿是一个核心概念，在他早期发表的题为《器官的自卑感和它的生理补偿》的文章中，他

提出，人们非常容易患器官的疾病，从而造成这些器官不能正常的发展，比如，有些人视力不好；有些人的消化功能差；有些人心脏有毛病或生来腿有残疾等。因为这些问题会给个体带来诸多生活上的麻烦，所以必须要寻求某种方法加以解决。由于人的身体是作为一个系统的整体来发挥作用的，个体就能通过锻炼和努力使有缺陷的器官得到改善或发展出其他的功能来补偿有缺陷的器官。比如，体质虚弱的人可采取体育锻炼的办法使自己变得强壮，双目失明的人可全力发展听觉能力，使之变得灵敏异常，令丧失的视力得到某种程度的补偿。

后来，他把思考的重点从生理自卑感转向了“主观的自卑感”，即心理上的自卑感。他指出，一切人在儿童时期都会无一例外地产生自卑感，因为其生存要完全依靠成年人，儿童在那些自己所依赖的、比自己强大得多的成年人面前，会感到弱小、无能和自卑。在阿德勒看来，自卑感并不意味着懦弱或不正常，反之，它是隐藏在个体背后的推动力。正是由于感到自卑，人们才去努力，才去完成某种事业。当一个人在取得一定成绩后，会有短暂的成就感，但当与别人所取得的更大的成绩相比较时，他又会产生新的自卑感，这又会激发他更加努力，争取更大的成功来进行补偿。

补偿有两种类型：一种是成功的补偿，另一种是失败的补偿。成功的补偿建立在主体对生活意义的正确理解上。比如，威尔玛·鲁道夫因为小儿麻痹症不能行走，但通过不懈努力，获得了“过度补偿”，即不但能与别的人一样行走，而且更为出色。失败的补偿建立在对生活意义的错误理解上，他们通常赋予生活以一种个人的意义，他们的兴趣也只停留在自己的身上，因而他们所作的努力和补偿被导向无意义的乃至完全谬误的方向。这样的补偿作用不但不触动自卑感，而且把它推到了更为严重的境地，即导致了“自卑情结”。如中央台《半边天》节目主持人张越曾这样评述过自己：“我的胖很有天赋，从小学高年级开始，就明显比别人胖。那时候我觉得胖是一件特大的罪过，对不起所有的人……我一度有些自闭。走在街上，别人多看我一眼，我就会用仇恨的眼光盯着人家。我从来拒绝上体育课，我怕跑得特别慢，跳得特别低被人嘲笑，因此差点儿拿不到大学毕业证书。压抑久了，物极必反，有两年我嗜好奇装异服，比方穿件蜡染大袍，挂一串骷髅头，手腕上是蛇形手镯。其实我的相貌、性格都跟‘前卫’、‘酷’这些沾不上边……（这时就陷入自卑情结的泥沼）再后来，我穿衣什么禁忌也没有了，街上再有人看我，我由衷地觉得是因为我穿得漂亮。这不是衣服的事，是心理问题解决了。”

②追求优越：健康来自于社会

在自卑——补偿——新的自卑——再补偿这样永无休止的循环中，个体不但获得的成就越来越多，而且变得越来越强大。阿德勒把这一过程称之为“追求优越”，即追求自我的发展和完善，并把它视为是“生命的基本事实”。他说：“它与身体的生长并行地发展着，它是生活本身一种固有的需要……我们所有的机能都遵循这个方向前进，无论是正确的还是错误的，它总是为了征服、安全、发展而斗争。从负到正的冲动是没有尽头的，从‘低’级到‘高’级的欲求也是永不停止的。”

追求优越有两种方法：一种是病态的追求个人优越的方法；另一种是追求社会兴趣，使每个人都获得成功，这是心理健康者的行为表现。阿德勒认为，追求个人优越的人很少或根本不关心他人，其行为目标是受过度夸张的自卑感驱使的。杀人犯、小偷和骗子均属此类。但是，有许多人把追求个人利益用表面的关心社会隐藏起来，给人一种关心别人的表面印象。而实际上却当面一套，背后一套，阿德勒认为这是一种病态的追求个人优越的表现。

心理健康的人不是追求个人利益，而是追求全人类的成功。他们的行为是受社会兴趣驱使的，就是说，把追求一种优越而完善的社会作为人生追求的目标。这种人帮助别人不求索取。他的个人成功也不是以牺牲别人的利益为代价的，而是一种朝向完善的自然倾向。当然，追求成功的人也有一种自我感，但他是从社会发展的观点而不是从个人利益来看待日常生活问题的。他的个人价值感与他对人类社会的贡献密切相连。对他来说，社会的进步比个人利益更为重要。

③生活风格：三大错误

为了克服自卑感，一个人必须形成自己的生活风格。阿德勒把个人追求优越目标的方式称为生活风格。生活风格是因人而异的，我们都力求克服自己的无助感或自卑感，我们所追求的目标是相同的，但达到目标的方式却不尽相同。

阿德勒认为儿童到6岁左右便基本形成了生活风格。其家庭关系、生活条件和经验便决定了他今后一生的生活特点。如果儿童体验到某种自卑感，那么，他对这种自卑感的补偿就是他的生活风格。如果他把某个人作为自己的榜样和追求的目标，那么，他的生活风格就会在这种追求中得到发展。当然，新的生活经验将会予以补充润色，但基本结构已经确定了。

生活风格有健康的生活风格和错误的生活风格之分。健康的生活风格使人趋向完美，有利于促进社会目标的实现，使他和别人和睦相处。错误的生活风格与社会目标相违背，是产生心理疾病的原因。错误的生活风格大致可概括为三种表现形式：即统治-支配型：运用各种手段和方法来颐指气使地控制别人，使自己凌驾于他人之上；索取-依赖型：千方百计从别人那里获取自己所希望获取的一切，而不是通过自己的努力去创造；回避型：想方设法地躲避现实中的问题，以碌碌无为的方式来避免可能出现的挫折与失败。

阿德勒认为错误生活风格的形成与个体早期特殊的生活环境有关。具体说，是由以下三种状况造成的：

a. 个体生理器官的缺陷。身体器官的缺陷和长期的疾病会削弱或夺走儿童与其他人进行交往和竞争的能力，这会使儿童断绝与外界的联系而退缩到自我的小天地里。

b. 家庭过分的溺爱和姑息。由于父母和家人的娇惯、纵容，并包办了儿童应学应做的事情，导致儿童不但在遇到问题时不知如何处理、毫无自信，而且还自私自利，一切以自我为中心。

c. 被冷落和忽视。一个在家庭中得不到关怀、得不到爱的孩子会认为别人不需要自己，会感到自己毫无价值，并且常会用不信任的眼光去看周围的人，在自我与他人之间划一条界限。

(2) 确立健康的生活风格：个体精神分析的咨询技术

阿德勒认为心理疾病都是由于错误的生活风格所致，生活风格的错误之所以产生，是由于人们过于追求个人的权利与优越，而缺乏足够的社会兴趣。所以，阿德勒的治疗目标在于通过提高当事人的社会兴趣来重获心理健康。他并不把咨询看作治疗，而是把来访者看作一个灰心的人，把咨询看作一种再培训和再教育的过程。基本步骤和技术主要有：

①建立良好的咨询关系

咨询是在一定的关系中进行的，这种关系的特点表现为，咨询师和当事人是彼此合作、平等和相互尊重、相互信任的。在这种关系中，不存在谁高谁低，也不存在谁绝对指导谁和谁绝对服从谁的问题，双方要做的就是：密切合作、探讨问题和解决问题。对咨询师来说，创造良好合作关系的方法之一是帮助当事人充分认识到自己的长处和能力，而不是把眼光盯在弱点和不足上面。

②分析、考察当事人的生活风格

这里，咨询师要分析、考察和了解当事人的内在生活目标和他们所表现的生活风格。例如，当事人正在追求什么？当事人内在的生活目标是什么？以及它们与神经症的生活风格有怎样的联系。为了解个体的生活风格，阿德勒提出了三种研究途径。

a. 出生顺序。在决定生活风格差别性的诸因素中，最主要的因素是出生顺序。阿德勒认为，长子在弟妹出生之前，在家庭中往往处于中心地位。随着其他孩子的降生，他的中心地位便发生变化。他们的性格特征是，聪明，有成就需要，但害怕竞争。次子则经常处在竞争状态中，有雄心抱负，并具有反抗性，因此，次子往往是最幸运的。最小的孩子由于受到过分溺爱，因此独立性较差，虽然雄心勃勃，却十分懒散，难以实现自己的报负。独生子和长子的情况差不多，他的竞争对手主要来自学校。

b. 早期记忆。阿德勒相信，“生活风格是一个人在追求优越的奋斗过程中建立起来的”，因此，在童年生活的记忆中，可以发现过去的记忆和现在的行为之间的关系。由于人的记忆带有主观性、创造性和想象的成分，通过早期记忆，便可发现个体所感兴趣的东西，“使我们找到通往其个性的一条线索”。如一个39岁的女性对早期生活回忆到：“我记得父亲冲我喊，然后把我拉到另一间屋子，因为我在哭。我不记得为什么哭，但知道我很害怕，他喊过之后，我被吓呆了。”（3岁）“我在教堂同一个男孩说话。我母亲狠狠地看着我，父亲当时正在布道，回家后教训了我一顿。”（4岁半）“我记得我的二年级的老师说我在学校学习不好，我将得到一个坏的成绩报告单。我在学校很努力就是因为害怕带回坏的成绩。这位老师不太喜欢我，我不知道自己做错了什么。我以为自己已经做得很不错了。我很害怕。”（7岁）“我在教堂里演出，连续几个月我都在背台词。我以为已经背得很熟了。我父母来看演出，有一会我演得很熟了，有一会我演得不错，我希望他们会喜欢我的表演。在演出结束时我忘记了下场，导演不得不暗示我。我父亲清清楚楚地看到了我的错误。他后来说我由于不注意破坏了一场不错的演出。我记得感到很伤心和失望，因为我很希望他们会高兴。我不记得母亲对那次演出说了什么。”（8岁）咨询师做出小结：男性的权力和重要性太夸张了，她对他们的否定的恐惧也过于夸张。讨好对她来说似乎是在男人世界中得到安全的最佳途径，但这使她对自己的地位感到不确定，而且总是担心遭到否定。

c. 梦的分析

阿德勒把梦看成是个体为未来的生活所作出的一种预演。他认为，对个体而言，梦是有目的和独特的，因此不存在一种对梦的固定的解释。假如不去了解做梦的有关情况而单独地去谈论一个梦，那么，梦就永远不可能被理解。要了解一个梦，必须将梦和做梦人的有关信息联系起来。譬如一个当事人回忆他在儿童时期经常梦见一个丑陋的东西追赶他，并把他抓住。

近来，他新做的梦是：我独自一人在沙漠里，渴得要死。我看见好多带水的人，但没人理睬我，没人走到我跟前给我水喝。此外，我好多次梦到自己摔倒了，像从云端里跌落下来一样。对上述梦，一个可能的解释是，做梦的人一直非常孤独，他不能指望其他人来帮助他，和他呆在一起。

③帮助当事人洞察自己的问题

在对当事人的问题进行分析和考察之后，咨询师要帮助当事人进一步深刻地认识这些问题，即对自己错误的生活目标和错误的生活风格有较透彻的领悟，认识到它们与神经症症状的联系，这是朝着正确的生活风格迈出的极重要的一步。在这一过程中，治疗师必须要有足够的耐心，既不能让当事人的自尊心受到伤害，亦不可强迫他们接受某种看法。

表露和适时解释是有助于自我洞察的技术。它主要针对当事人此时此地的行为、希望和预期，它们与当事人的生活风格密切相关。此外，它致力于让当事人清楚地意识到自己的生活方向、目标、个体逻辑。并不要求当事人一定要接受所作出的解释，因为它们都是尝试性的、可进一步加以探讨的。咨询师在进行解释时，常采用如下方式："我是否能与你共同来考虑这样一种说法……""在我看来这似乎……""这能否是……"避免让当事人产生心理上的防卫，从而能无拘无束地讨论甚至争论咨询师提出的问题和看法。逐渐理解和领悟自己的问题，认识自己应当如何加以改变。

④重新定向：写一个关于未来的自传

重新定向是指咨询师帮助当事人放弃或修正错误的生活目标和生活风格，把对问题的领悟转化为行为，帮助来访者找到勇气，重新选择确定新的生活目标和生活风格，同时立足于解决将来的问题。下面科瑞在《心理咨询与治疗经典案例》中展示的是一个咨询师与一个想博得所有人高兴的来访者露丝之间的谈话。

咨询师：我以为你是困于让你生活中的两个重要的人都高兴的境地。让人高兴，说同意，是每次别人要求你做什么事情时出现在你头脑里的第一个想法。生病也许是你想逃离困境的表现。

露丝：我不能不做这次研究，我喜欢这位老师。但约翰和我计划这次假期已经有几个月了。天哪，她可能再也不会让我同她一起做什么工作了。

咨询师：嗯，让我们把这个想法先保留一会儿。除了让她失望，她还会有什么想法？

露丝：这是什么意思？

咨询师：她认为你聪明、有能力、精力充沛吗？她怎样看你？

露丝：我不太知道。

咨询师：好吧，我们来看看你怎么看你。你认为关于你有哪10件事是伟大的或美好的？

露丝：10件事？

咨询师：对，从最好的一件开始。"我是……"

露丝：我是一个好母亲，我认为。

咨询师：好，你是一个好母亲。这是一件（写下并伸出一个手指）。还有什么？

露丝：关心别人。

咨询师：这是两件。

露丝：爱别人。

咨询师：这与关心别人一样，还是两件。

露丝：我认为我是聪明的。（治疗师记下并点头）我很有秩序，因为要处理家里和学校的事情。我的文笔好，我很友好。多少了？

……

咨询师：很好。现在我很想让你感受一下这些好的品质，所以请你把眼睛闭上一会儿。好母亲……关心人……聪明……有秩序……友好……刻苦……有毅力……有幽默感……最后，助人。停留在这些特点的印象上，好像它们是你亲密的朋友。看看它们是否能够告诉你怎样处理你与你的教师的事。

露丝：（过了一会儿）：我想我可以告诉她由于我很愿意同她一起工作，我答应和她一起去，但我需这个周末陪约翰出去。这是我们的结婚周年，我们不能错过这个特别的日子。我要她知道我认为她是位很好的老师，如果再有机会，我还很愿意为她工作。

（3）自卑是暂时的：对自卑的自我调适

①正确认识自己：其实你并不比别人差

自卑者在认识自己时，通常都是建立在不正确的社会比较上，他们习惯于拿自己的短处与他人的长处比，或者是与某方面的“明显”人物去比，这样比当然是越比越觉得不如别人，越比越泄气，就会形成自卑心理。一个心理健康的人，不仅看到自己的缺陷和不足，也要看到自己所具有的优点和长处；如实地认识自己，恰当评价自己，认识到自己的独特性，坦然地接受现状：诸如身高、相貌、环境、出身和经历等等。

②正确地表现自己：我做到了

有自卑感的人不妨多做一些力所能及、把握较大的事情，并竭尽全力争取成功。成功后，及时鼓励自己："别人能做到的事，我也做到了！"当面对某种情况感到信心不足时，用"豁出去"的自我暗示来放松心理压力，反倒能够充分发挥自己的潜力，获得成功。成功的经验积累越多，便可以不断地消除你的自卑感，增强自信心。

③正确地补偿自己：天生我才必有用

为了克服自卑感，可采取两种积极的补偿途径：一是以勤补拙。知道自己在某些方面赶不上别人，就不要再背思想包袱，而应以最大的决心和顽强的毅力，勤奋努力，多下功夫，下苦功夫。二是扬长避短。有些残疾人虽然生理上缺陷很大，又失去了自由活动和交际的空间，似乎发展的空间极为有限。但有志者事竟成，威尔玛·鲁道夫这个黑人奥运会冠军和我国高位瘫痪的张海迪都是成功的例证。

④正确对待挫折：苦难也是财富

遭受挫折和打击，这是人人难免的。因为"天下事，有成功，也有失败，成功固足喜，失败也非无益"。要从失败和挫折中吸取教训，使自己得到提高，不因一时的失败和挫折而一蹶不振。

6．拒绝自恋的水仙花：科胡特的自身心理分析

一个迷恋于摇篮的人不愿丧失童年，也就不能适应成人的世界。

——朱迪斯·维尔斯特

自恋的水仙花

那尔喀索斯是河神的儿子，神巫曾对他预言，如果他永远不看见自己的面孔，就可以长寿。

当他渐渐长大，成了一个人见人爱的美男子，不仅人世的少女喜欢他，连林间水泽的妖精们也对他动情。可是他谁也看不上眼，觉得谁也不值得他爱。他的高傲惹恼了密林中的回声女妖厄科和其他妖精。

她们跑到爱与美的女神阿芙洛狄忒（即罗马神话中的维纳斯）那里去告状。这群慧黠的小妖精先是赞美女神一通，说无论天庭尘世，无论是神是人，大家都沐浴着她的恩惠，相亲相爱。接着又说，可恨的是，一个狂妄自大之徒那尔喀索斯居然公开违背她的意旨，不把他的情爱分给爱恋他的女性，自私到了极点，应当好好教训他一下。阿芙洛狄忒心想一个乳臭未干的毛孩子，怎敢违抗她！她接受了妖精们的请求，决定惩罚这美男子。

有一天，那尔喀索斯突然感到口渴难忍，来到一处清

澈平静的山泉旁边。他刚弯腰下去喝水，顿时惊呆了：水中的那个少年长得多美呀！他是谁呢？那尔喀索斯眨眼睛，他也眨眼睛；那尔喀索斯挥手，他也挥手……他不知道这就是他的影子。他越看越觉得水中的人长得漂亮，简直是天下无双！他对他入迷了，目不转睛地欣赏着影子的种种美妙之处，他深深爱上了自己的影子。

不知道过了多少天，他终于明白水中的美男子就是自己的影子。他对它说道："啊，痛苦啊！我担心我是爱上了自己的影子。因为你就是我，我爱的是我自己。我觉得我已经活不了多久了。不过死亡并不可怕，它只会结束我无望爱情的痛苦。"一天，两天……他渐渐憔悴，面色越来越苍白，死神已经悄悄来到他身边。可是他依然离不开自己的影子。

那尔喀索斯只剩下一丝微弱的气息了。他痛苦憔悴的模样令回声女妖厄科心如刀绞。可是她明白，爱与美女神的意志是不可改变的，而这美少年也不可能回心转意来爱她。因此，无论白天黑夜，她都是暗暗地陪伴着他。当他呼唤"痛苦"的时候，她也跟着答应一声"痛苦"，使他不致觉得太寂寞。

有一天，厄科听见那尔喀索斯发出了绝望的叫喊："永别了！"她不知道这是美少年的最后呼声，也悲痛地应了一声："永别了！"

那尔喀索斯的头靠在山泉旁的草坡上，死神合上了他的眼睛。厄科走出密林，来到他身边，想轻轻吻一下他那美丽的面颊。可是令她惊奇的是，这美少年的尸体不见了。他刚才所在的地方，长出了一丛她不曾见过的花儿：碧绿闪亮的叶片，洁白无瑕的花朵，散发出一阵阵清香。

厄科吻了吻这花儿，珠泪簌簌下落。凡是她的泪水滴到的花朵，开得特别香特别艳……

在这个凄美的希腊神话故事中，美少年那尔喀索斯由于沉迷于自己在水中的影子而最后失去了生命，化成美丽的水仙花。这便是心理咨询中自恋的出处，水仙花（narcissus）也因此成为自恋（narcissism）的代名词。

(1) 玫瑰上的花与刺：健康自恋与病态自恋

自恋，顾名思义就是一个人喜欢自己、爱恋自己。一般而言，自恋的人被视为自私的、心理不健康的。但海因茨·科胡特（Kohut H），美国心理学家，自身心理学的创始人认为，自恋其实是人类的一般本质，每个人本质上都是自恋的。自恋是一种藉着胜任的经验而产生的真正的自我价值感，是一种认为自己值得珍惜、值得保护的真实感觉。在科胡特看来，一般个体的自恋是健康的，而且社会也是允许适度自恋的。只有个体过度自恋，并超出了社会对于自恋允可的范围那才是不健康的。

①健康自恋。是对自我认同的追求。健康的自恋相信自己是可爱的，对自己有一种基本的信任，认为自己是值得喜欢的，即使有人批评我，也肯定是关心爱护我；健康的自恋，能够区分自己的想象与现实的差别，在面对理想的同时，立足于现实。对世界、对他人的评价都比较符合实际，能够较宽容地对待自己和他人；健康的自恋，能够区分自己与他人的不同。他们爱自己，也爱他人，尊重自己，也尊重他人，能够平等、

友好地与他人相处，希望自己过得好，也愿意别人得到幸福。

②病态自恋。病态自恋是对自我的盲目夸大，是一种病理性“无所不能”。根据 *DSM*-Ⅳ《美国精神障碍诊断与统计手册》（第四版）的标准，具有自恋型人格障碍的人一般具有以下 9 个项目中的 5 项以上：

a. 对自身有无所不能的感觉。比如：夸大成就和天赋，在没有相应成就的情况下，期待被看作是最优秀的。“前不久，我写了一篇论文。我认为那是篇很有价值的论文，我相信，它会在文学界产生极大的震动，并会产生深远的影响。但我写到 2/3 时，却很难进行下去。我的导师们对我的文章很不以为然……”

b. 被无限制的成功、权力、才气、美丽或理想爱情的幻想所迷惑。军军从小就觉得自己是上天赋予了某种特殊使命的人，绝非平庸之辈。从他记事起，周围就充满了赞扬之声，说他聪明好学，能言善辩，他也因而对别人的一切都抱以完全看不上的轻蔑，一般先从气势上羞辱、压垮他人，然后对别人的工作进行彻底否定和批驳。

c. 相信自己是特别的和惟一的，并相信自己仅能被其他同样特别的或高地位的人理解，或应该被联想到与上述的人为一类。

她兴冲冲地买一条领带给他，他只是略微皱眉，表示：“我有我的品味，你不要帮我买，不然可能会浪费。”她到他家去玩，顺手洗了下杯子，他说：“你不要动手，我洗比较干净。”言下之意好像她会破坏他的秩序。他也很会做吃的，非常注重色香味，他说：“如果要靠别人做给我吃，十之八九口味会不合。”

d. 要求过度的赞美。

女："亲爱的，你的确喜欢我吗？"

男："是呀。"

女："你认为我长得非常漂亮是不是？"

男："是呀。"

女："你觉得我的眼睛，像天上的星星那样明亮；我的容貌，如盛开的樱花般美丽，体态是如此的轻盈，声音是如此的美妙悦耳，不知要比世界小姐美丽多少倍，是不是？"

男："是呀。"

女："哦！真太谢谢你了！你是那么会赞美，我真高兴！"

e. 有种特权者的感觉，比如，无理由的期待特殊的、好的对待或他人对他的期待自动顺从。他们总是认为自己将获得无止境的成功、权力、荣誉。认为自己生在世上就享有一种特权。不必像普通人一样买票排队，注意公共秩序，他们有时候做一些损人利己的事情，如挤车时，别人将他挤到车上，他却不再让车下的人上去。

f. 人际间的冒险者，比如，不择手段攫取他人的利益，以达到自己的目的。

g. 缺乏共情的能力，无欲望去认识或认同其他人的情感和需要。如张先生说："我只考虑自己，不在乎别人对我的评价，我不知道怎样与同事们沟通和建立友情，也认为没有必要"。

h. 常常嫉妒他人或相信其他人嫉妒自己。"我知道，他们是在妒贤嫉能，他们怕我的文章出来后，自己的脸上无光。其实，这正说明他们固步自封。不过，我会尽力而为，用行动证明自己能超越他们。同时证明他们不过尔尔。"

③表现一种高傲自大的形为或态度。如他喜欢我行我素，同事提出疑问，他总是固执己见，心里面说："我高人办事，

当然高深莫测，你懂什么?!”上司在例会后留下他，善意提醒上月的部门业绩不甚理想，他就会气愤一星期，逢人便说：“都是下属捣浆糊，不然像我这么精明能干，随便做做，业绩也比这个好多了。”暗地里和上司铆上劲，心想：等哪天我进了董事局，把你第一个炒掉……

(2) 早年经历中的“痛”：自恋的成因

海因兹·科胡特在他的自身心理学中提出自身的概念，认为自身（self）是一个相对于客体的概念。他独辟蹊径，从自身与客体的关系角度阐释了自恋心理的发展、变化。他认为，人生之初，自身与客体在心理上是混为一体的，对婴儿来说，客体就是自身，或是自身的一部分。比如，他不能区别出母亲的乳房和自己的手指之间的区别，而只会去吮吸。他不知道除了自己之外，还有一个外面的世界，因此总是处于自以为是的自大状态中。渐渐地，随着心理的成长发育，他才开始将客体从自身中分离出来。这个被个体体验为自身的一部分，或为个体提供某些重要心理功能而被用于为自身服务的客体（一般情况下是人），就被称为自身对象。

如果早期自身与自身对象（如母亲）之间不能形成良好的互动关系，即自身对象不能满足自身的自恋需要，一个人就会长期停留在婴儿期的自然状态之中，自以为是，骄傲自大，不理会别人的感受，造成自恋性的人格障碍。有的父母或长辈对孩子的需求不敏感，时常想当然地给予孩子混杂的、不一致的信息，他们有时极端地关注和赞美孩子，有时又忽视或过分地指责他，使得孩子有时感到自己非常出色，有时又感到很自卑。长此以往，他具有了软弱无能又无所不能的自我表征，认为自己既配得到向往的一切又完全不配拥有任何东西，不能将自我进行紧密的整合。他们因此对自己的优缺点缺乏切合实际的评价，没有一个完整的自尊感，总是希望通过夸耀自己或得到别人的赞美来弥补他精神中所缺失的那一部分。也就是说，自恋型人格障碍，来自早年经历中关于自我整合的创伤性失败，来自于早年成长中的“痛”。

（3）突破自恋的束缚：对自恋的矫正与咨询

科胡特认为，对自恋性人格障碍治疗的实质就是为来访者提供一个机会，使其因早期自身对象的创伤性失败而发展受阻的自身得以继续发展。在自身心理学的治疗情境中，咨询师实际充当来访者的自身对象。咨询师要在治疗情境中激发起来访者未得到满足的、原始的自恋需要，然后通过适当满足来访者原始的自恋需要，使咨询师的自身及其功能逐渐为来访者的自身及其功能所代替，从而使来访者发展出内聚的、充满活力的、功能和谐的自身。整个过程可以分为三个步骤。

①防御分析

广义自身心理学认为，在精神分析治疗过程中，来访者之所以会出现抵抗，主要是由于害怕童年时期所遭受的创伤性挫折会在分析情境中重演，担心自己本已脆弱的自身会重新遭到伤害。因此，科胡特强调，抵抗和防御不是病态的，而是“适应性的，在心理上是有价值的”。咨询师在治疗过程中应当以神入的态度接受并理解来访者所表现出来的防御和抵抗，并根据对象自身需要，将其原始的、在童年时期未得到满足的自身客体需要转移到咨询师身上来，从而形成自身对象移情。

②移情的展开

形成自身对象移情是治疗自身障碍的前提，只有形成自身对象移情，来访者才能在分析情境中继续其童年时期受到阻碍的发展过程，才能发展出弥补自身缺陷的心理结构，才能得到真正的治疗。自身对象移情有三种，即反映性移情、理想化移情和他—我移情。这些移情的形成和出现，有赖于咨询师对来访者的原始的自身对象需要采取理解和接受的态度，并进行准确解释。

科胡特认为，理解和解释是精神分析的“基本治疗单元”。咨询师正是通过理解和解释活动使来访者产生适度挫折，进而发展自身结构及其功能的。理解是解释的前提，解释是理解的深化，分析师的解释不但可以扩展和深化来访者对自己的理解，使来访者能够以神入的态度接受自己，而且可以使来访者认识到分析师对自己的理解所达到的深度和广度，从而使来访者确信自己和咨询师建立了可靠的、神入的联系；而分析师在理解和沟通方面不可避免的失误就构成适度挫折，促使来访者完善自身缺陷的心理结构。

③打开自身和自身对象之间神入的途径

神入（empathy）是心理观察的基本成分，自身对象对个体自恋需要神入的响应是自身形成和健康发展的必要条件，如果没有神入的自身对象环境，自身发展就会停滞，自身的结构就会有缺陷。在科胡特看来，治疗取得成功的一个基本条件就是咨询师要以神入的态度来了解来访者的自恋需要，而不是乱加解释，将自己的观点强加于来访者。咨询师只有通过神入，才能在治疗情境中重新激发起来访者被压抑的、原始的自恋需要，形成自恋移情。在来访者对咨询师产生自恋移情（亦即自身对象移情）之后，咨询师只有继续保持神入的态度，适当发挥自身对象功能，能够在总体上准确地理解来访者的内心体验和自身对象需要，推动自身—自身对象关系不断得到发展，使个体的自身继续其受到阻碍的发展历程，并不断走向成熟。

（4）拒绝自恋的水仙花：病态自恋的预防与治疗

①预防。由于自恋性人格障碍主要形成于儿童时期，预防工作主要是应该从儿童教育做起，应努力做到：（1）不溺爱孩子。溺爱就是父母以自己的爱剥夺了孩子发展能力的机会，阻碍了孩子发展其独立生活的能力。孩子的生活能力是逐渐发展的，当其不具备某种生活能力时，自然需要父母给予帮助；而当其具备发展某种生活能力的生理心理基础时，父母再继续给予帮助，就会剥夺孩子发展这种能力的机会，就会阻碍孩子发展其独立生活的能力。（2）不超值评价孩子。超值评价就是夸大孩子的优点，忽视孩子的缺点。要避免超值评价，做父母的就应该通过纵横比较，客观地评价孩子的优缺点，并为孩子提供可行的建设性的方法以扬长避短。（3）帮助孩子摆脱认知的自我中心。鼓励孩子与其他人一起参与各种活动，帮助孩子比较不同人对同一事物的看法和帮助孩子明辨是非等。（4）帮助孩子摆脱人际关系的自我中心。让孩子做力所能及的事和承担力所能及的责任，指导孩子平等地待人接物等，有利于孩子摆脱人际关系的自我中心。（5）帮助孩子理性对待挫折。

②自我管理和治疗。

a. 进行自我分析，解除自我中心观。首先，把自己令人厌嫌的人格特征和别人对你的批评罗列下来，看看有多少婴儿期的成分。如渴望持久的关注与赞美，一旦不被注意便采取偏激的行为；喜欢指使别人，把自己看成太上皇；对别人的好东西垂涎欲滴，对别人的成功无比嫉妒。其次，回忆自己的童年，你可能发现以上人格特点在童年便有原型。例如：总是渴望父母关注与赞美，每当父母忽视这一点时，便要无赖、捣蛋或做些异想天开的动作以吸引父母的注意；童年时衣来伸手，饭来张口，父母是仆人；总想占有一切，别的小朋友有的，自己也想有。再者，自我解除。在明白了自己的行为是童年幼稚行为的翻版后，便时常告诫自己：我需要努力工作，以取得成绩来吸引别人的关注与赞美；我不再是儿童，许多事要自己动手去做；每个人都有属于自己的好东西，我要争取我应得到的，但不嫉妒别人应得的。

还可以请一位和你亲近的人作为你的监督者，一旦你出现自我中心的行为，便给予警告和提示，督促你及时改正。

b. 不再挑剔，学会爱别人。对于自恋型的人来说，光抛弃自我中心观念还不够，还需要学会去爱别人，惟有如此才能真正体会到放弃自我中心观是一种明智的选择，因为你要获得爱首先必须付出爱。生活中最简单的爱的行为便是关心别人，尤其是当别人需要你帮助的时候。当别人生病后及时送上一份问候，他人会真诚地感激你；当别人在经济上有困难时，你力所能及地解囊相助，别人自会敬重你。只要你在生活中多一份对他人的爱心，你的自恋便会自然减轻。

三、塑造外显行为

——行动影响心灵

陷于心灵困惑的人们，时常有些异常的问题行为，对这些行为的固执又使得人们在心灵的泥潭里越陷越深。采用明确、具体的操作技术，立足于对外显行为的改变和塑造，便可以在帮助人们养成正常行为习惯的同时，逐渐影响他们的心灵，恢复健康心理。

7. 在放松中超越恐惧：心理咨询中的系统脱敏疗法

恐惧或焦虑不可能与松弛同时并存，它们相互抑制或排斥，所以克制恐惧或焦虑最有效的反应是进行全身放松的肌肉松弛。

——沃尔普

有蜘蛛恐惧症的人看到蜘蛛时会变得焦虑和极度紧张不安，而且通常会要求别人把蜘蛛拿走。但露丝的情况要严重得多。她知道冬天屋里没有蜘蛛，所以冬天的时候她不怕蜘蛛。但是从春天到秋天，她都十分恐惧蜘蛛。如果没有人事先检查确认过一个房间内没有蜘蛛，她就不进那个房间。同样，如果没有家人的检查和确认，她也不会到客厅或楼梯去。除非有人为了安全替她检查房子，否则，她就整个夏天连续几个月都呆在一个房间里。如果看到一只蜘蛛，她就会血压升高，出现惊恐发作，并跑到尽可能远的地方去。

从春天开始，露丝进入系统脱敏程序。咨询师用一种深度肌肉放松程序教她进行肌肉放松训练。同时设计一套在系统脱敏程序中使用的刺激层次。咨询师还设定了这一程序的预期结束时间，即能够没有过度焦虑地进入可能有蜘蛛的房间，并能够杀死在房间内发现的蜘蛛。她和咨询师构建的初始层次依次包括以下刺激：

①一条铅笔画的线，像蜘蛛的腿。

②一个铅笔画的椭圆，像蜘蛛的身体。

③蜘蛛的素描图。

④真蜘蛛的图片。

⑤一只装在罐子里的死蜘蛛。

⑥一只放在旁边桌子上的死蜘蛛。

⑦一只装在罐子里的活蜘蛛。

⑧一只由咨询师控制的活蜘蛛。

⑨一只自由活动的活蜘蛛。

露丝通过一段时间的每周一次的会谈，完成了上述程序。在每种场合下她都使用放松技术，并在多种场合下按照刺激层次暴露在相应的刺激前。每一次她都要一直呆在该刺激前，直到她感到完全放松和平静。于是取走该刺激，然后再一次呈现该刺激，重复同一程序，直到确信她在这一层次的这一阶段的确已完全放松，并且对进入下一阶段充满信心。

一旦露丝能放松地面对活蜘蛛，就进入第二层次：

①进入有一只不能自由活动的蜘蛛的房间。

②进入可能有一只自由活动的蜘蛛的房间，并停留在门口。

③进入知道有蜘蛛的房间，并用重物拍死它。

④走进可能有自由活动的蜘蛛的房间，并能坐在房间里呆上几分钟。

摘自［美］保罗·贝内特著，陈传峰等译．异常与临床心理学［M］．北京：人民邮电出版社，2005：35

并不是所有害怕蜘蛛的人都需要这样一个渐进或扩展的咨询方案，不过，这一方案提供了运用系统脱敏的实例。

(1) 恐惧是如何形成的

人们所恐惧的事物千奇百怪，而且有时截然相反：比如有人害怕猫，有人害怕老鼠；有人害怕空旷的地方，有人害怕人多的场所等。有些事物和现象是人们普遍心存恐惧的，比如黑暗、高空、巨大的声响等；有些则是别人满不在乎，而你却惟恐避之不及。

那么，这种恐惧是如何形成的呢？1920 年，早期行为主义心理学的代表人物之一华生及其助手进行了心理学史上一次著名的实验。该实验揭示了在一个婴儿身上，恐惧是如何形成的。被作为可怜的实验对象的是一个叫阿尔伯特的小男孩，当他还只有 9 个月大的时候，研究者把一只白色的老鼠放在他身边，起初他一点都不害怕；可是，当用一把锤子在他脑后敲响一根钢轨，发出一声巨响时，他猛地一打颤，躲闪着要离开，表现出害怕的神态。给他两个月的时间将这次经历淡忘，然后，研究者又开始实验。当一只白鼠重新放在阿尔伯特的面前时，他好像看到了一个特别新奇有趣的玩具，伸出手去抓它；就在孩子的手碰到白鼠时，他的脑后又响起了钢轨敲响的声音，他就猛地一跳，向前扑倒，把脸埋在床垫里面。第二次试验的时候，阿尔伯特又想用手去抓，当他快要抓住的时候，钢轨又在身后响起。这时，阿尔伯特跳起来，向前扑倒，开始哭泣。此后，又进行了几次这样的试验，把老鼠放在阿尔伯特身边，钢轨在他脑后敲响，阿尔伯特对老鼠形成了完全的恐惧条件反应，华生后来在实验报告中写道："老鼠一出现，婴儿就开始哭。他几乎立即向左侧猛地一转身，倒在左侧，四肢撑起身体快速地爬动，在他到达试验台的边缘前，用了相当大的劲才抱住他。"

更进一步的实验显示，阿尔伯特对其他毛乎乎的东西也产生了恐惧：兔子、狗、皮大衣、绒毛玩具娃娃，还有华生扮演圣诞老人时戴的面具等，这时候，并没有任何钢轨敲击的声音。

（2）以放松的心态替代恐惧

心理学家沃尔普（Wolpe）认为，恐惧或焦虑不可能与松弛同时并存，它们相互抑制或排斥，所以克制恐惧（或焦虑）最有效的反应是进行全身放松的肌肉松弛。系统脱敏疗法的基本思想是让一个原可引起微弱焦虑的刺激，在病人面前重复暴露，同时以全身放松予以对抗，从而使这一刺激逐渐失去引起焦虑的作用。系统脱敏疗法的操作方法分四个步骤：一是评定主观恐惧或焦虑程度；二是肌肉松弛训练；三是建立焦虑（恐惧）等级；四是实施系统脱敏。

①评定主观焦虑（恐惧）程度。通过简单的说明，让来访者学会衡量自己的焦虑程度，并尽可能给予一个相对恰当的

评分。评分通常采用五分制。0分是安宁平静，1分、2分、3分、4分、5分，焦虑依次递增，5分则表示极度焦虑不适。病人应学会熟练地评估自己的焦虑程度，这是第一步。

②放松技术。对于儿童，可以通过游戏或其他类似的活动帮助放松，对于成人，一般可以采用肌肉松弛训练和想象放松。

肌肉松弛训练一般要6~8次才能完成，每日一次，每次20~30分钟，除在咨询师指导下训练以外，还要在家中反复练习，以在实际生活中运用自如，达到可随意放松的娴熟程度。下面是一个肌肉松弛训练的引导语：

……以一个你最舒服的姿势躺下来，慢慢闭上你的眼睛。

先把左手握紧，感觉到很紧很紧，慢慢放松，体验放松后的感觉。伸出你的前臂，用力绷紧前臂的肌肉，保持一会儿，感受肌肉的紧张，再彻底地放松你的前臂，体会放松后的感觉；现在把上臂的肌肉也加入进来，体会上臂肌肉的紧张，然后慢慢放松；现在握紧右手，感觉到很紧很紧，然后放松……两手非常紧，非常紧，然后放松……

向后用力舒展双肩，再用力注意感受肩部的紧张，坚持一下……再坚持一下……现在放松双肩，仔细体会放松的感觉；再向上提起双肩，尽量使之接近耳朵，注意感受肩部的紧张，坚持一下……再坚持一下……现在放松双肩，仔细体会放松的感觉；停一会儿，现在挺起胸部，深吸一口气，让胸部鼓起，再鼓起，屏住呼吸，注意感受胸部的紧张，坚持一下……再坚持一下……现在慢慢呼气，放松胸部，仔细体会放松的感觉；停一会儿，向内收紧腹部，再收紧，注意感受腹部的紧张，坚持一下……再坚持一下……现在放松腹部，仔细体会放松的感觉。

双脚的脚趾并拢，向脚心方向收紧，再收紧，注意感受腿部的紧张，坚持一下……再坚持一下……放松腿部，仔细体会放松感觉；双腿伸直，双脚的脚尖向脸部方向跷起，用力跷，再跷，注意感受小腿的紧张，坚持一下……再坚持一下……现在放松小腿和脚，仔细体会放松的感觉。

向上皱起额头的肌肉，皱紧，坚持一下……再坚持一下……放松额头，觉得前额很平很平；皱起眉头，注意感受眉头的紧张，坚持一下……再坚持一下……放松眉头；把眼睛闭起来，闭紧，坚持一下……再坚持一下……再放松眼睛，使它舒服地闭着；把舌头紧紧顶住口腔的上部，用力向上项，再用力，感受舌头的紧张，坚持一下……再坚持一下……放松舌头，让它回到舒适的位置；咬紧牙齿，用力咬紧，再咬紧，坚持一下……再坚持一下……放松牙齿，仔细体会紧张和放松的感觉；闭紧嘴唇，使嘴角向两边尽量延伸，鼓起两腮，上下唇用力压紧，再压紧，坚持一下……再坚持一下……放松唇部，使它自然地微微张开，仔细体会放松的感觉；把头尽量后仰，再后仰，感受颈部的紧张，坚持一下……再坚持一下……再把头尽量弯向左肩，再弯，坚持一下……再坚持一下……再尽量低头，坚持一下……再坚持一下……现在让头回到原来的位置，放松，仔细体会紧张与放松的感觉。

整个过程中保持深深的慢慢的呼吸。

想象放松主要是通过柔和的语气和舒缓的节奏帮助来访者

在脑中形成一个场景，以达到放松的感觉。常见的情境主要包括一些广阔、宁静、舒缓的画面，如大海、滑雪场、山谷、躺在小舟里在平静的湖面上飘荡，等等。下面是一个想象在小船里的场景：

我坐上了小船，在平静的水面上慢慢荡漾，小船轻轻地摇呀摇，它有节奏地向我梦想最美丽的地方摇去，我的呼吸渐渐慢而深，和着小船的节奏，在这个美丽的世界里，我尽情地享受着。天上的白云倒影在镜子一样的水面上，不知哪是水面，哪是天空。几只飞来的小鸟贴近水面掠过，翅膀几乎触到水面，一会儿它们又飞向蓝天，尽情地玩弄它们的飞行技巧，非常轻巧，潇洒自如，正如我一度有过的进入最佳状态时的表现，一切变得那么投入……

③建立焦虑（恐惧）等级。这是十分关键的一步。我们必须根据来访者的病史资料，启发来访者极其准确地找到引起不适行为的根源，发现在什么刺激下来访者会出现焦虑、紧张和不适行为。如果刺激因素并非一种，那么要全部发掘、罗列出来，并进行相互比较，根据它们致病作用的大小分成若干等级，排成一个系列。通常将刺激因素分为五等，目的是与主观焦虑程度相匹配。即可引起 1 分主观焦虑的刺激可视为一等；引起 2 分主观焦虑的刺激可视为二等；依次类推，能引起极强烈的情绪反应可评为主观焦虑 5 分自然被视为最高等级第五等。理想的焦虑等级设计必须做到各等级之间级差要均匀，是一个循序渐进的系列层次。尤其要注意的是：被视为一等刺激因素所引起的焦虑（即主观焦虑评定为 1 分者）要小到能被全身松弛所拮抗的程度，这是系统脱敏治疗成败的关键之一。

要求来访者闭上眼睛后能在脑内形成各种刺激物的画面，画面要具体、清晰，并且当事人置身其中出现相应的情绪变化。

④实施系统脱敏

按照设计好的焦虑（恐惧）等级，由小到大依次逐级脱敏。实施脱敏有两种方法：想象系统脱敏和现实系统脱敏。在想象系统脱敏中，咨询师口头向来访者描述他害怕事件等级中的某一害怕刺激，让来访者在头脑中想象该情景，报告自己在想象中体验到的情绪强度，然后停止想象并全身放松，反复多次，直到想象这一情景不再焦虑紧张时为止。如此逐级而上，直至病人对最高等级的刺激脱敏。现实系统脱敏则是咨询师将来访者引入害怕事件所描述的现实情境中让来访者体验焦虑，反复多次后来访者逐渐适应该事件情境，不再感到害怕。下面是 Wayne. Adams 博士在一次培训课程中使用想象放松帮助一位具有飞行跳伞恐惧症的患者的想象脱敏过程。

……现在，保持放松的感觉想象这个画面，画面上有雪山、有流水，好像是一个春天的风景，你听到流水流过的声音了吗？

天空是干净明亮的，太阳照着很温暖，你可以听见小鸟在空中唱歌，看到竹子在慢慢长大，这是一幅非常可爱的景象。这幅景象非常舒服。听到微风穿过竹林的声音，闻到竹子的味道和其他花儿的香味。也许你还可以感到阳光是温暖的，有点温暖非常舒适，还可以听见天空中温柔的声音。非常平静、非常舒服的风景，这是属于你的非常放松的空间。

好好享受这一刻，等会儿我会让你想象你害怕的那些场景。好好记住这一刻，等会你想象那些场景害怕的时候可以回到这一刻。如果你准备好了，我就开始讲第一个让你害怕的景象，你准备好的话，右手第二个手指就动一下。

第一个场景，有人请你去跳伞，你想象到自己要准备跳伞，如果你感到紧张，可以回到那个让你感到温暖的地方。现在你想象谈话在那里进行，是怎么进行的，如果你紧张的话，可以退回来。

如果不那么紧张的话，动动手指。

如果你准备好了，我们进入下个场景，进入时不要忘记保持放松，深呼吸，还有肌肉的放松，你需要准备好全身的放松。

现在进入下一张画面：跳伞头一天，你有些紧张，你为什么要接受这个邀请？你想去，又不想去做。你可以看到你在卧室中自己和自己讨论这个问题，如果你觉得紧张，你可以回来，如果你觉得放松，可以继续。享受那有山、有水、有竹林、有鸟、有小溪的风景，然后回到你卧室中，想象那个让你紧张的画面。如果你回到卧室依然放松，动动你的手指。享受深呼吸和放松的感觉，想象你已经准备好进入下一个画面。

现在你已经到了机场，准备上飞机了，你看到你跳伞要用的装备，你感觉到看到这些东西会紧张的话就回到山里面继续放松。在那山里面，你可以感受到放松，有清新的空气还有温暖的感觉，如果你觉得你需要更多的时间，没有关系，你可以呆在山里面继续享受放松。如果你觉得足够放松，平静地看那些跳伞设备，可以动动手指。

现在上了飞机，同时穿戴上那些设备，找到了位置。如果你感觉到看到这些紧张可以回到山里，那个属于你的可以放松的地方。如果你觉得足够放松，可以动动手指。如果觉得不够放松，可以再回到山里。

在山里面，你可以看到流动的小溪水，看到天空的白云，看到树林。

如果你准备好了，带着放松的感觉进入下一个场景。

现在你已经穿戴好设备，准备跳伞，一切都已经准备好了，要准备跳伞，你已经把装备穿戴好了，还可以听见螺旋桨的声音。你可以想象当时飞机上的场景，看到你的朋友们在开玩笑。第一个跳伞的人已经跳下去了，你是第四个……如果那让你紧张，你可以回到山里，放松，这时你需要长时间放松，享受平静的感觉，这里时间过得很慢，你不用那么着急。

其他类似的心理咨询方法

①冲击疗法与暴露疗法

冲击疗法与暴露疗法均为以恐治恐的方法，也是系统脱敏法的一种变型。行为咨询师认为在当事人体验到最可怕的恐惧时，看到自己仍安然无恙，恐惧便会降低或消退。因此他提倡反复重现刺激，让当事人重新充分体验不愉快的情绪，从而使原来引起的症状逐渐减弱，直至消失。冲击疗法是强迫来访者想象焦虑（恐惧）的物体或情境，使其体验强烈的焦虑（恐惧），并维持这种水平，直至焦虑反应自行消退，然后给予新的刺激，再引起高度焦虑，如此反复进行，达到焦虑（恐惧）明显减退为止。想象层次由重至轻。暴露疗法则要求来访者直接面对或接触焦虑（恐惧）的真正物体或情境，与冲击疗法一样，使之经历强烈的焦虑（恐惧），并认识到自己的焦虑（恐惧）毫无根据，从而消除焦虑（恐惧）。

②厌恶疗法

厌恶疗法，又称回避学习法。这种方法是对不良行为或变态行为施加一个不愉快的体验，如电击、催吐剂或言语责备等，利用痛苦的条件刺激来替代异常行为的快感，从而减少或消除异常行为，因此人们通常又称之为“以毒攻毒疗法”。它是一种有效但要慎用的技术，一般不主张用于学校儿童这类人群，而是在专门的治疗机构由熟练的专家使用。而且往往要求在其他干预措施无效且来访者愿意的情况下选用这一疗法。因为使用厌恶刺激有一定的危险性和副作用。

现在还有一种新形式的厌恶疗法，被称为内隐脱敏法，它以厌恶法与脱敏法相结合。如以恋物癖青少年为例，当他出现这方面的欲望或行为时，令其立即闭目，想象或回忆被群众愤怒申斥的场面，可以达到减少与控制此种变态行为的效果。

(3) 自我脱敏

人们在日常生活中，经常怕狗、怕水、怕老鼠、怕蛇、怕毛毛虫等，并让人处于尴尬境地，使用这种系统脱敏法可以帮助自己消除莫名其妙的恐惧，摆脱困境。同时也可以用来帮助孩子克服胆小的习惯。可以实施简单的操作，如对怕小爬虫的孩子，鼓励他先从远处观察，然后逐渐靠近，随后用小木棍去戳它，最后把它放到手上。也可以实施相对复杂的操作。

①列出恐惧等级。把所有能引起你紧张、恐惧的各种场面，按由轻到重依次列出（越具体、越详细越好），分别抄到不同的卡片上，把令你最恐惧的场面放在最后，令你最不恐惧的场面放在最前面，卡片按顺序依次排列好。

②进行松弛训练。坐在一个舒服的座位上，有规律地深呼吸，采用上文提出的肌肉松弛或想象放松等方法进入松弛状态。

③逐步脱敏。拿出上述系列卡片的第一张，想象上面的情景，想得越逼真、越鲜明越好。如果你觉得有点不安、紧张和害怕，就停下来不再想象，做深呼吸使自己再度松弛下来。完全松弛后，重新想象刚才失败的情景。若不安和紧张再次发生，就停止后放松，如此反复，直至卡片上的情景不会使你不安和紧张为止。

④按同样方法继续下一个更使你恐惧的场面（下一张卡片）。注意，每进入下一张卡片的想象，都要以你在想象上一张卡片时不再感到不安和紧张为标准。否则，不要进入下一个阶段。

⑤当你想象最令你恐惧的场面也不感到害怕时，便可再按由轻至重的顺序进行现场锻炼。若在现场出现不安和紧张，亦同样让自己做深呼吸放松来对抗，直到不再恐惧、紧张为止。

8.循规蹈矩有利心理健康吗：斯金纳的行为矫正

人并不能自由选择自己的行为，而是根据奖惩来决定自己以何种方式行动。

——斯金纳

小韦妈妈最近因为儿子的坏毛病头疼得厉害。不知道从什么时候开始，小韦经常忘记把牙刷放到漱口杯里，每次刷完牙，他总是顺手就丢在洗脸池边，既不卫生也不整齐。而且，最令妈妈气愤的是，每次当她指出小韦的错误时，儿子总是一副满不在乎的表情，一边继续想自己的问题，一边心不在焉地回答："知道了。"

第二天，小韦刷完牙后，照例正要顺手把牙刷往旁边搁，突然想起妈妈说的话，于是他认真地把牙刷放到杯子里去，并且还特意摆了摆位置。

不巧的是，妈妈根本没注意到今天这个小小的细节，她把儿子摆对牙刷看做一件很正常的事情。妈妈的表现令小韦很没有成就感。

第二天，牙刷又被扔到杯子外面。

"小韦，你的坏习惯怎么总是改不了。看，又把牙刷放在外面了。不是对你说过牙刷用后要放到杯子里吗？"妈妈生气地说道。

“我以为你忘记了。”小韦说道。

“怎么这么说呢?”母亲疑惑地望着儿子。

“因为昨天我把牙刷放在杯子里了，而你却什么也没有说!”

3岁的皮皮很容易闹。一天又要闹着出去玩耍，但他不是好好和妈妈商量，而是在门边大声哭喊。由于妈妈在忙，没有理他。一会儿，他走到妈妈跟前，拽着妈妈的衣服说：“妈妈和我出去玩，好不好?”这时，妈妈发现孩子有所变化，便赶紧说：“皮皮懂事了，妈妈陪你出去。”

5岁的莎莎夏天特别爱吃冰糕，但她有一个缺点，就是对妈妈的招呼总是装做听不见，不答理。后来，妈妈在专家的帮助下，想到了用代币法来重塑这一行为。妈妈和莎莎协商好，如果妈妈叫她一次，她礼貌地答应一下，就可以获得1朵小红花，积累到5朵小红花就可以吃支冰糕，否则，整个夏天就别想吃到冰糕。

结果，莎莎在开始的两周里，平均每天可以吃到两支以上的冰糕。两周以后，上述不良行为消失。

——摘自刘全礼，儿童行为塑造与问题行为矫治［M］，北京：中国妇女出版社，2004。

从上述事例可以看出，家长和咨询师只有运用了十分明确、具体的行为矫正方法，才能帮助儿童改变原来的一些坏习惯和不良行为，获得更大的成长。

(1) 什么是行为

①行为就是人们说的和做的。行为包括个体的行动，它并不是个体的静态特征。如果你说一个人生气了，那么你还没有真正辨别这个人的行为；而只是简单地把这个行为进行了分类。如果你识别出一个人生气时的言行，你就真正辨明了行为，比如“闹闹冲着妈妈尖叫，跑上楼梯，然后砰地关上她的房门”。这就是对生气行为的描述。

②行为可以由别人或者行为人自己进行观察、描述和记录。当一种行为发生时，人们可以看到它。由于它是可观测的，所以看到该行为的个体就可以对它的发生进行描述和记录。

③行为具有可塑性。现代心理学的研究表明，行为不是天生的，而是通过学习获得的。儿童通过学习，才学会了说话、认字、书写，获得各种知识技能；通过教育才学会尊老爱幼，形成良好的品行并遵守道德规则。人一旦远离社会，得不到教育，即使具有人类的遗传特性，个体也很难发展人类的行为。这一点，我们已经从印度狼孩卡玛拉身上得到了最好的证明。卡玛拉从小为狼所抚养，与狼为伍的生活使得她不会说话、四肢爬行，遇人只会嚎叫，智力极其低下，丧失了人类的许多心理特征，行为方式与狼无异。关于行为具有可塑性的观点，行为主义心理学家华生有一段名言：“请给我一打强健没有缺陷的婴孩，将他们放在我自己的特殊世界中教养，那么，我可以担保，在这一打婴孩之中，我随便拿出一个来，都可以训练他成为任何专家——无论他的能力、嗜好、趋向、才能、职业及

种族是怎样，我都能够任意训练他成为一个医生，或一个律师，或一个艺术家，或一个商界首领，或可以训练他成为一个乞丐或窃贼。”

(2) 正常行为与异常行为

一般情况下，从以下几方面来判断儿童的行为是否异常：

①儿童的年龄。年龄小的幼儿当众撒尿，并不被看成是异常行为；但是，如果已经上小学的儿童还当众撒尿，就应该被看成是异常了。

②具体的场合或情景。在一定场合下是正常的行为，在另外的场合下不一定正常，如孩子在游戏时骑在爸爸的脖子上不是异常的，但是，当家中有重要的客人时，孩子还想骑在爸爸的脖子上，就应该看成是异常了。

③行为发生的频率。偶尔发生的不良行为，一般不算做异常行为，但是经常发生不良行为就是异常了。偶尔出现一次攻击他人的行为并不异常，但是经常出现则是异常。

④行为的性质。有些行为即使出现的次数很少，也要当做异常行为，如偷盗等犯罪行为；另外一些行为，如吃饭时吧嗒嘴，尽管不雅观，但是经常发生，也可以不看做异常行为。

⑤行为的后果。判断儿童的行为是否异常，还要看行为是否能够影响他人或影响自己的学习或发展，是否引起自己的不快。如果是，就可以归于行为异常中，这是在实际工作中判断行为是否异常的重要标准之一。

不恰当的行为主要可以分为三类：

一是指行为不足。这往往是指儿童应该有的行为没有，或者说外界环境期望有的行为很少发生或从来没有发生。例如，儿童很少和别人说话甚至不说话，自己不乐意和小朋友玩耍，到了生活该自理的年龄还不会穿衣、吃饭等，都属于行为不足异常。

二是指行为过度。这往往是指某一类行为没有节制地出现。如人来疯，上课时打闹、不遵守纪律，见了任何一个人都点头哈腰地打招呼等，都属于行为过度异常。

三是指行为不恰当。此处的行为不恰当，专门指有些行为在不该出现的时候出现了，或者说期望的行为在不适宜的场合出现。如生气了摔东西，殴打小动物，在欢乐时反而哭泣，在悲哀时反而大笑等，都属于行为不恰当。

(3) 恰当运用行为矫正，养成良好行为习惯

斯金纳认为行为矫正就是通过积极强化来改变行为。要想帮助儿童养成良好的行为习惯，就需要通过积极强化帮助孩子保持并更多地发生良好的行为，而使其不恰当的行为消失。

①积极强化希望增加的良好行为。在斯金纳看来，强化是采用适当的强化物增加反应的强度、概率或频度的过程。是指在一个确定的情境中，当孩子做出某种正确行为后，如果随之而来的是表扬和奖励，那么，今后在类似情况下发生类似行为的可能性增大。

强化的行为必须明确。父母心中必须有数，哪些行为是可取的，哪些行为是不可取的，要强化的是我们希望增加的行为。并且，在几个行为或一系列行为发生后，我们只强化确定的行为，必要时父母可指出，因为你做了什么事我们才表扬你

或奖励你。如皮皮哭闹这个行为是不应该强化的，但皮皮拽衣服和说“妈妈和我出去玩”是正确的表达方式。妈妈这时以言语表扬“皮皮懂事了，妈妈陪你出去”，并带他出去玩，以强化儿子正确的表达方式，就提高了皮皮正确行为发生的可能性。

行为发生后立即强化。父母应该懂得去发现孩子的正确行为，而且予以重视和嘉奖，不要在孩子表现良好时漠然处之。立即强化能使孩子明白为什么得到奖赏，从而更易在类似情境下做出相应的行为。经验证明，即时强化比延时强化效果更好。如小韦的妈妈没有在小韦摆好牙刷时进行及时强化，结果陷入被动状态。

要选择有效的强化物。斯金纳将强化物分为一级强化物（如食物和水等满足生理基本需要的事物）和二级强化物（注意、赞许、感情、服从、金钱等）。使用哪种强化物更为有效，要看具体情况。需要特别指出的是，有两类强化物在重塑孩子的行为中有独到的作用：一是分数，一是代币。使用这两种强化物能够避免使用一般强化物的两种不足：一是并不能在任何情况下都能有孩子喜欢的物品或其他强化物，如孩子喜欢滑冰，但南方或夏天就难以实现；二是一次好行为就能得到某种物品，会使强化物的效果减弱，使用这两种特殊的强化物可以避免这样的缺点。

对于一时不知道孩子到底喜欢什么的父母，下面的问卷提纲能有效地帮助你了解孩子的喜好。

孩子最喜欢吃什么？

常规餐类食品（馒头、米饭）；营养品（点心、娃哈哈）；甜食（冰激凌、饼干、桃酥）

孩子最喜欢喝什么？

牛奶、果汁、可乐、咖啡等

孩子喜欢什么活动？

室内活动（玩跳棋看动画片、饲养宠物、请朋友来家玩等）

室外活动（打球、踢球、爬山、旅游、散步、跳绳、逛公园、与父亲一起玩、看电影）

孩子喜欢什么游戏和玩具？

喜欢的游戏（捉迷藏、抓小鸡、吹口哨等）

喜欢的玩具（洋娃娃、小汽车、小手枪、冲锋枪、彩纸等）

喜欢的日用品（香水、小刀、指甲刀、小梳子等）

孩子喜欢别人如何对待自己？

语言表扬（好孩子、棒极了、干得好、好极了等）

身体接触（拥抱、亲吻、搔痒、摸头、拍肩等）

其他（微笑、注视、闲谈等）

②错误与痛苦：慎用惩罚

斯金纳区分了两种惩罚。（1）呈现厌恶刺激或不愉快刺激，如打骂、训斥。（2）取消正强化物。如罚款、拿走儿童喜欢的东西。虽然斯金纳和大家一样认为惩罚是改变行为的有效方法，但斯金纳认为，惩罚不是一种使行为产生永久性变化的有效方法。惩罚虽可导致反应的减少，但它只是暂时抑制而不是消除某种不良行为。而且惩罚解除后，原先的反应又会自动恢复，而且在恢复过程中发出的反应数量与未受惩罚时的反应一样多。同时惩罚还会使个体面临心理冲突，引起恐惧、焦虑、愤怒等不良情绪状态。所以斯金纳认为，要慎用惩罚，如果要使用，可以采用第二种惩罚，即取消正强化物，如上例中的莎莎如果不能完成任务则吃不到冰糕便是一种惩罚。同时要强化正确的行为，使受罚之人不仅知道什么是不该做的，也知道什么是可以做的。

③置之不理消退不良行为。斯金纳指出，要消除不良行为，采用消退手段远比惩罚更为有效。消退法就是当孩子做出某一不良行为后，外界环境不予理睬，那么，今后类似情况下发生类似行为的可能性就会减小。这种手段相对来说不会产生令人不快的副作用。

> 某夫妇对自己还没有上学的孩子吃蛋糕的行为特别头痛，因为每次吃蛋糕时，孩子都是把蛋糕外层的奶油先剥下来，搓成圆球再吃下去，而蛋糕的其他部分则不吃。夫妇俩使用打骂、利诱等各种办法想改变孩子的行为，但都不见效。后来专家建议，使用消退法矫正。一次吃蛋糕时，孩子吃法如旧，但妈妈什么也没有说。孩子反而诧异地说：“妈妈，我在剥奶油喔!”妈妈克制着内心的激动说：“我知道。”孩子又问：“你不骂我啊?”妈妈说：“不骂你。”以后连续四次，孩子和往常一样吃蛋糕，妈妈也是什么也没有说。到第五次，妈妈惊异地发现，孩子竟然和两个兄弟用一样的方法吃蛋糕了。

④关禁闭促进反思法。对于一些不良行为，消退法是能够替代惩罚来减少行为发生的可能性。但对于自伤行为或是对他人有伤害的行为等，是不能用消退法置之不理的，作为替代，关禁闭反思法也是一种选择。

关禁闭反思法隔离往往是在孩子发生不良行为时，令他离开相应的环境，或者剥夺其参与相应环境的权利，使孩子感到无趣、压抑、孤独或痛苦，从而减少不良行为。比较适合关禁闭的行为主要有打人、取笑其他孩子、和父母顶嘴、抢别人的玩具、大叫大嚷、损坏玩具、吐别人口水或威胁要吐别人口水、虐待动物、打小报告、乱扔食物、做危险的事情以及对他人不礼貌，等等。如4岁的圆圆吃饭时总是大吵大嚷，专家建议她的父母：她再吵时把她抱到椅子上，让她坐3~4分钟。没有多少次，圆圆吃饭大吵大嚷的行为就消失了。

适宜年龄：2~12岁

时间长度：在发生不良行为的10秒内，就应该采取隔离的措施，要干净利落地把孩子送到隔离地点，不要过多解释和拖延时间。时间长度一般为1岁1分钟。

地点：可以用厨房、厕所、卧室，也可以用门后边、墙角等；原则就是禁闭地点不能比离开的环境更有趣，也不能使孩子产生恐怖感觉，以免造成惧怕、过敏行为。

方式：独自呆在枯燥的房子里；蹲在地板上；坐在椅子上等；其他人都不能“注意”他，不能和他交流说话，否则没有效果。如果孩子自己取消禁闭则要重新开始。

（4）塑造行为四步骤

弗洛伊德的心理分析方法，对假设行为的潜在动机感兴趣，例如，未完成的恋母情结，但是行为矫正拒绝使用这种对行为的假设解释。斯金纳曾经称这种解释为“解释性的虚构”，因为这种解释的真伪永远也不能被证明。行为矫正将重点放在引发行为的原因和强化行为的后果上，着眼于改变可见的真实的行为，非常具有可操作性，以下行为矫正的程序可以为我们管理儿童日常行为提供指导。

①发现问题行为并进行准确界定。“发现问题行为”是指我们准备改变或矫正儿童的哪些问题行为，或者是准备建立哪些行为，识别哪些行为需要加以增进，哪些行为要加以减退，并进行明确具体的界定。如纠正一个儿童的打人行为，就可以针对这个儿童的具体情况将“打”定义为“用尺子、笔、书、水瓶、衣服等物品打人；用拳头打人；用手推人；用脚踢人等不同形式伤害他人的行为”。这种对行为的清晰界定有助于儿童、父母、咨询师明晰应该做什么，不应该做什么。一般情况下，在具体制定改变策略时，要以某个行为为主，尤其是开始时多以一个行为作为目标行为。

②记录评估目标行为。确定目标行为之后，就要研究目标行为的现状，主要是从发生次数和持续时间两方面对目标行为进行把握，不仅能够获得问题行为的最初情况，同时可以作为处理是否有效的依据，更重要的是，通过对每日行为的观察和记录，能够发现一些线索，帮助我们制定恰当的矫正策略。

③思考目标行为的前因后果。在斯金纳看来，行为不仅是由原因产生的，它也是可以为行为后果所强化，我们只要明晰行为的原因或后果，就能有效地实施行为矫正。所以，对记录进行分析，按照先行刺激 A（Antecedent）——行为 B（Behavior）——后果 C（Consequence）的顺序对目标行为的前因后果进行思考，研究问题行为出现的可能原因，进行干预；有时不一定能找到原因，或者是原因不容易干预，那么，就着眼于行为产生的后果进行干预。

④制定、实施行为矫正。这一步要求综合运用上述的知识和技巧。需要建立一个适宜的环境，得以控制强化物，从而对来访者实施强化。关于建立环境方面最有趣的进展就是行为契约的提出。正如巴茨所解释的那样，“契约是一种用于建立行

为咨询的技术，这种技术要求行为改变过程的每一必要环节都清晰明白地表述出来，使卷入这种技术治疗的每一个人都能够理解和接受”。下面介绍制定契约的基本原则。

a. 契约中的行为目标要明确、具体。例如，“他应该更好地服从我”是一条不恰当的表述，而“妈妈或爸爸喊洋洋吃饭，洋洋应该在30秒内坐到桌旁。”的表述就清晰得多。

b. 开始时，两到三个目标就足够了。选择那些可以实现的目标，同时设定一些高于通常孩子们都能做到的程度的行为。当孩子成功后，逐渐提高行为期待直到达到你的最终目标。

c. 仔细确定完成契约规定的责任所得到的奖励（谁给予奖励，奖品是什么，什么时候得到奖品，数量多少，它的用途限制，等等。）完成任务后越快奖励越好。

d. 除了契约中的奖励，孩子在进行所要求的行为时，即使仅是朝着最终目标的接近，也应该得到口头表扬。使用可能会对孩子有明确帮助的语言。不要说“做得好”（这里面没有多少有效信息），而是说，“你自己记得把床整理好，真棒”。“你自己穿鞋穿袜子，你在穿衣服方面做得好多了！”

e. 当涉及和学校有关的目标时，家庭与学校之间信息的沟通就是个至关重要的问题。通常，某些图片复制表是一个合理而简便的方法，可以让父母每天知道他们的孩子在学校里是怎么做的。记住将卡片带回家并签字，是孩子的责任。

f. 开始时，契约是每周一次的协议，这应当在契约中标明。每周的改进应当在日程之内，包括一些沟通和改进，以使得契约在下个星期更有效。

尤其需要注意的是：孩子应该每周成功地完成契约；如果没有，那就是父母的“错”。孩子和父母都不应该贪多做下周日程内的事情。当契约中的行为都达到以后，不要放弃契约，可以增加新的行为目标，或者延长奖励给予时间（如，对于学校表现，可以从每天给予奖励，逐渐延长为一星期、两星期，直到6个星期的间隔）。如果一个契约逐渐地被抛开，说明问题得到很好的解决。一旦问题再次出现，应恢复使用契约。

亮亮的行为契约

任务	分值	星期一	星期二	星期三	星期四	星期五	
上午打小朋友不超过2次	5						
下午打小朋友不超过2次	5						
每天把行为反馈卡带回家	2						
总分							
一周总分							
备注	"打"是指用尺子、笔、书、水瓶、衣服等物品打人；用拳头打人；用手推人；用脚踢人等不同形式伤害他人的行为。						

1. 从2006-11-27开始，亮亮可以积攒自己争得的分值，用来“购买”父母提供的下列奖品。

奖励单：

奖品	所需分值	奖品	所需分值
在麦当劳吃晚餐	5	买喜欢的小礼品一份（15 元以内）	5
和父母到西湖游玩（骑车）	5	去希尔顿酒店吃饭	10
买课外书籍（《虹猫蓝兔》1 本）	10	组装战斗装置（买后）	20
打电玩（40 分钟）	30	小摊食品	10

2. 惩罚条款：亮亮每天要记得从学校带回反馈卡。忘记带卡则当晚不能看电视或玩玩具，且当日记为 0 分。连续两日不能完成任务则第二日晚不能看电视或玩玩具。

我同意在一周内遵守这个契约：开始日期__________

孩子：__________父亲：__________母亲：__________

9.用舞台慰藉心灵：基于社会学习理论的心理剧

一个人通过观察他人的行为及其强化结果而习得某些新的反应，或使他已经具有的某种行为反应特征得到矫正。

——班杜拉

记得我的第一幕戏是从一个欧式花园开始，我坐在凉亭里等待，金色的巨蟒躲在一旁的草丛中，虽然我看不见它但是清楚地知道它正在监视着我的举动，我的心里很害怕，却不敢回头正视，心里暗暗期待着男友来救我。

老师要我将心里的话说出来，我只想到“不要来找我，去找别人”，接着巨蟒来将我的替身缠住，刚开始我只希望能够救出我自己，但是她总是如影随形。我花了很大的力气，试图将她赶出去，但她的力量实在巨大，两个人缠斗了很久她才被我赶出去。

从金色巨蟒的眼中我看见妈妈的眼睛，她身披着优良学历的要求、批评着我的表现及行为，而我透过爸爸的支持与肯定，一步步度过成长中的诸多评价。

……

过去我常觉得不能够被年长的女性所认同，尤其是当对方的学历能力很优秀时，我一方面会暗地期待被对方肯定，但同时又敏感于她的批评及不满意，虽然我先前已经知道自己的这些心路历程，但是当我在心理剧中，用我自己的力气驱逐那条金色的巨蟒（身披荣耀的外衣）时，我重新找回自己的力量以及内在的肯定，放下期待外界认同的需要。另一方面我也领悟到，当我在第一幕坐在凉亭中的等待救赎，其实也是另一种被动的期待（希望男友将我救出去），当这些拯救的力量来自于外界时，都不足以真正地支撑起我的信心。

演完剧的那天晚上，我独自走路回家，却没有平日的孤单感，取而代之的是一些很安稳的感受，痛哭完一场后，我的胸口一直以来的闷、紧感消失了，身体虽然很疲累，但脑子却很轻松，那一夜睡得很沉，醒来后全身有种充实感，感觉更自在、放松了，而先前严重的肠胃状况，在演完剧的隔天开始出现了改善，肚子已经不再绞痛，腹泻的现象也渐渐好转，一直到两、三个月后的今天，都还没有再出现。（摘自：一个心理剧学员的体验回顾，http://www.rhhx.net）

我们平常所了解或接触到的心理治疗大多是以这样的方式进行的：咨询师和来访者面对面坐着交谈，或者来访者躺在长椅上向咨询师倾诉。上面这段文字却向我们呈现了一种比较特殊的心理治疗方式：通过演戏进行治疗。这里的“戏”不是一般的戏剧，而是心理剧。心理剧在我国兴起和发展的历史并不算长，但这种形式生动并富有成效的团体治疗方法，正受到越来越多的心理和教育工作者的关注。

(1) 什么是心理剧

平时，我们坐在家里打开电视机，就能看到不少“反映心理问题”的影视剧，这些“反映心理问题”的戏剧和用以进行心理治疗的心理剧并不一样。心理剧是一种团体咨询和集体心理治疗的形式。它是通过特殊的戏剧形式，让参加者扮演某种角色，以某种心理冲突情景下的自发表演为主，将心理冲突和情绪问题逐渐呈现在舞台上，以宣泄情绪，消除内心压力和自卑感，增强当事人适应环境和克服危机的能力。

心理剧起源于1921年雅各·李维·莫雷诺在维也纳创办的“自发剧院”。参与该剧的人并不是职业演员，也没有任何剧本，他们以自发的方式表演报纸上每天刊登的事件或观众建议的主题。演出后，观众在邀请下讨论他们观看演出时的体验。莫雷诺发现，观众的个人问题以及由此产生的反应，不仅影响表演主题的选择，而且影响参加表演角色的方式。他还发现，参加演出的人们和观看演出的观众，都体验到被压抑感受的心理释放（宣泄）。最终，自发剧院使他发展了一种团体心理治疗方法。

心理剧以舞台为背景，通过呈现具体的问题情境引起当事人的共鸣与思索，为解决类似问题提供了一个让他们走出自身问题“迷局”的机会，让他们换一个角度去冷静、客观地思考自己面临的问题，在呈现自己的心路历程的同时发现自身心理问题产生的原因，学会在特定情境下如何用适当的方式去处理问题，并达到宣泄自己情绪的目的。自发性是心理剧一个很重要的原则。心理剧的剧情和台词不一定是预设好的，可以由当事人根据自己当时的心情自由发挥。莫雷诺认为这种表演的自发性能够帮助当事人克服对环境或事物刻板性的、病理性的反应，而对环境进行再度认知，以更积极、自然的态度去应对环境。心理剧的主要组成元素包括舞台、主角、导演、辅角和观众。

舞台：泽卡·莫雷诺（雅各·李维·莫雷诺之妻，也是他事业上的得力助手）设计的心理剧舞台是三层同心圆的造型，在她看来，舞台是一种象征，象征着个人准备变成主角的程度：在准备充分后要行动时，主角会站到第一层上，而等到完全准备好后再上一层，要开始工作时，就会走上最高的舞台。实际上大部分心理剧都没有像莫雷诺所设计的那样的舞台，而以一个人的房间、团体辅导室、空的会议室或教室为舞台，只是舞台最好避免过于空旷、狭窄或嘈杂。

主角：在心理剧治疗中，主角指的是从事最主要演出的人，是心理剧治疗中最重要的角色，是一个代表的声音，让团体的其他成员可以透过他来处理自己的问题。主角可以由导演、团体选择，也可以事先确定。需要注意的是，主角是拥有特权的：当主角表演一个情境时，他具有探索情境中任意方面的自由，且不会被强迫。主角需要感受到自己能够操控要发生的事情，他是在进行自己的工作，而且会被倾听与尊重。

导演：心理剧导演一般是咨询师。在心理剧治疗中，导演是受过训练引导主角演出的人，主要的作用是提升主角的自发性、提词、引导与架构心理剧，协助心理剧的演出者及观看剧的整个团体，将剧从什么都没有变成某种真实的东西。

辅角：辅角是扮演主角生命中重要他人的任意团体成员。辅角可以扮演某个外在的角色，比如说某位家庭成员、一只小狗或一棵树；或某个内在的角色，比如说，害怕的自己、小时候的自己，或一个人内在的声音。辅角可以协助主角，将其没有被表达出来的部分透过语言或非语言的形式表达出来。辅角一般由主角挑选，著名心理剧导演卡普曾谈到他担任辅角的经历："我第一次参加团体时，团体里有一个精神科护士，第一眼看到这个人我就觉得不喜欢她。在她担任主角时，她被要求从团体中挑选出一个她认为可以了解她内在的想法，并且可以帮助她表达出说不出口的话的人。她挑选我去当她的替身。对于她的选择我感到很惊讶。但是后来我发现，当我站到她的旁边试着表达出她内在的真想法时，我是多么地了解她，而且也停止了对她的不喜欢。她教导了我，让我从她身上看到了那么多的自己……"

观众：在心理剧中，那些不在舞台上担任主角、导演或辅角的人，被称为观众。一般而言，心理剧以团体的方式呈现，人数通常在6～20名之间。在心理剧表演过程中，观众发挥着重要作用，如可以让不同的观众担当与主角有不同的社会关系的角色，例如，主角是一个9岁的女孩，对父母每晚9点之前必须回家这一规定十分不满，安排一个情境，该情境中这一女孩抗议父母的要求。让观众分别担任她的兄弟姐妹、祖父祖母、教师、朋友、父母的朋友、警察等，考察这些人对该女孩的不同的反应，他们各自持有何种观点、何种解决问题的方法。在心理剧演出之后，观众会被鼓励去分享他们的生命体验，一起分享演出是如何触动他，使他回想起他也有过类似的体验，或者他现在仍旧被类似的体验所困扰。

(2) 观察学习与示范疗法：心理剧的理论基石

一般认为，心理剧的理论基础是弗洛伊德的潜意识理论，因为自发性是心理剧所要遵循的重要原则。在自发表演的过程中，当事人会将内心压抑的情感宣泄出来，原先用于压抑的能量就可转化为意识水平的应用。但是当事人有时候并不参与到演出中，或者即使参与到演出中，也不是扮演自己在实际生活中的角色。这时，他就需要通过观看别人表演来获得心灵感悟，所以从这个角度来说，观察学习和示范也可以被视为心理剧疗法的理论基础。

观察学习又称替代学习，由美国心理学家班杜拉（Albert Bandura）提出，是他的社会学习理论中一个非常重要的概念。在班杜拉看来，观察学习就是说明一个人的行为方式如何受到另一个人的行为方式的影响，或者人们在社会生活中是如何相互影响的。他是这样定义的："观察学习是一个人通过观察他人的行为及其强化结果而习得某些新的反应，或使他已经具有的某种行为反应特征而得到矫正。"在观察学习过程中，被观察的对象称为榜样或示范者，观察主体称为观察者，观察学习不仅发生于对现实的社会个体的行为表现的观察，各种负载着有关行为规则信息的环境刺激，如书籍、电影、电视、计算机网络等其中传递的信息，都可以对个体产生示范作用。

从观察学习的原理出发，班杜拉提出了心理咨询中的示范疗法，即让当事人通过对成功榜样的反复观察来克服自身的障碍。在临床研究的基础上，班杜拉提出了许多卓有成效的示范治疗程序，包括：（1）真人示范程序，即让当事人在对现实的真人真事的观察中克服变态行为，同时掌握适应行为，达到治疗效果；（2）符号性示范程序，又分为视听示范和书面示范等不同形式，即将治疗的示范事件或过程以视听手段拍成电影、录像或改写成文字性说明材料，心理剧可归入这一类型的示范程序，像本文开头所呈现的心理剧一样，在现实生活中，很多青少年和家人或周围的人关系处理不好，经常有冲突，这就可以让他们一起表演心理剧，把自己现实生活中的言行表演出来，对自己的问题出在哪里形成客观的认识，对对方形成理解，促进矛盾的解决；（3）内隐性示范程序，即让当事人想象示范榜样对适应行为的表现过程。

作为一种示范疗法，心理剧中的当事人和观众都可以通过观察他人吸取一些经验，领悟一些道理。对于参与演出的当事人而言，一方面他是示范者，将自己的行为方式以及行为的后果表现出来，为观众提供观察的对象；另一方面，当使用角色反转或镜子技术，由其他参与者扮演当事人实际生活中的角色时，他又成为学习者，通过观察他人而获得一些解决问题的方法技能。他进行思考、评判进而获得在应对类似情境时的体悟。对于观众而言，一方面通过观看当事人的表演获得替代经验，通过舞台演员的表演来投射自身的感受，达到对自身情绪替代宣泄与整合；另一方面也可以将自己的经验与感悟和当事人分享，为当事人解决自身问题提供建议。

（3）角色扮演——心理剧的具体技术

心理剧作为一种有效的治疗方法，其心理治疗的核心技术就是角色扮演，角色扮演的具体技术主要有：空椅子技术、角色反转技术、镜子技术、时间投射技术、间隔刺激技术等。

第一，空椅子技术。在舞台上面对面放两把空椅子，当事人坐在其中一张椅子上，假设面对面坐着与当事人交往发生困难的人。当事人模仿彼此间交往，与对方讲话，然后坐到对面的椅子上，以对方的立场说话。如此重复，可以让当事人了解对方的想法和情感，增强理解，有助于克服当事人的交往困难。

第二，镜子技术。让参与者模仿当事人的表情、言语、姿势、动作等，当事人可以在参与者身上看到自己，就如在镜子中看到自己一样。镜子技术是一种反馈，让当事人看到别人眼中的自己，帮助他客观地认识自己。如利用角色互换技术让扮演母亲的人变成儿子，扮演儿子的人变成母亲，或者扮演教师的人变成孩子，扮演孩子的人变成教师等。这样做可以暴露儿童在理解他人时的缺点，纠正自己的念头。

第三，时间投射技术。分前瞻性和回溯性两种。前瞻性的时间投射又称未来投射，是指让当事人生动地想象将来的生活情景并进行表演；如扮演角色的儿童不能解决任务，咨询师可鼓励他把自己当成一个长大了的、更成熟的、更聪明的人。想象如果自己长大成人了，应如何解决这一问题。回溯性的时间投射是让当事人回到自己过去生活的某个时刻，以现在的身份观察自己过去的活动，并对那些活动进行干预。

第四，间歇刺激技术。让当事人从事某种活动，同时安排参与者不时地对当事人加以刺激，这些刺激是当事人在平时不能处理或不能很好处理的，其目的是帮助当事人扩充其角色能力范围。比如让当事人扮演一个正准备高考的学生，咨询师每隔一段时间就安排一个刺激，如同学来叫他踢足球，弟弟来吵他，妈妈责备他不用功等。通过不断改变刺激，了解当事人处理各种干扰刺激的能力，并帮助他提高这种能力。

(4) 心理剧的实施阶段

①暖身阶段

暖身阶段也称准备阶段，在这个阶段，主要由咨询师确定心理剧的主题，角色的扮演者，包括当事人和参与者。咨询师要指导当事人参与者把自己的情感创造性地发挥出来，并将自己的体验注入角色之中，同时要指导观众观察他们的言行举止，体验其内心感受，分析角色的行为处理方式。在这一阶段，心理辅导老师通过与当事人及参与者的交谈创造一种真诚、支持性的氛围，使他们在理解、支持和接纳的气氛中，不受指责和批评，减少担心和阻抗。在此阶段，一些轻度的心理障碍，如情感淡漠、人际交往障碍等也可以得到一定程度的缓解。

②演出阶段

经过暖身阶段选出主角后，就进入心理剧治疗的主要部分——演出阶段。心理剧的演出不需剧本，而是将主角期望探索的事件——可以是具体事件、梦境、幻想或身体的感觉等等，在导演的引导之下，凭借主角的肢体体验、行动等表达方式具体形象地呈现出来。从而打破主角习惯性地通过思考来解决问题的这一框架，透过行动和演出，让主角重新进入事件发生时的场景，重新体会，重新领悟，以新的观点或态度来对待旧的事物，从而走出困境。

在这一阶段，当事人及其他成员通过表演与观看可以达到宣泄、领悟、行为习得等治疗目的，以减轻或消除心理压力、放松精神，并且对自己的内心思想进行重新审视，发现以前没有认识到的思想，达到一定程度的领悟，降低其心理障碍的严重程度，增强彻底解决自己心理问题的意识，为治疗目标的实现奠定扎实的思想认知基础。

③结束分享阶段

演出结束后，当事人、参与者、观众与辅导老师一起表达他们对表演者的观察结果、分享他们的经验，使每一个成员都有所收获。心理辅导老师可对一些容易引起困惑的问题进行点评，帮助当事人找到问题症结所在，并且要注意消除、减少表演带来的负面效应。如在指出当事人的问题时如果用语不当或评论方式不妥势必造成他的心理压力和不良情绪，此时，辅导人员应讲明讨论只是一种反馈而不是对他的批评，消除他的心理顾虑。

(5) 心理剧治疗的适用问题

①人际关系问题。作为一种心理辅导技术，心理剧特别适合于人际交往问题的治疗，首先，它创造了一个人际互动情境，当事人在心理剧中不受现实生活情境的限制，可以允许其自由发挥，从而给有交往障碍的人提供了一个锻炼人际交往和体验角色的机会。其次，通过角色扮演可以有助于当事人获得有关行为结果的反馈，可引导其深入探索自己的行为以及其行为对他人的影响，促进角色的相互理解。另外，观众可以观察不同的角色扮演，从中选出最满意的行为当作练习的标准，以形成健康的交往关系。例如对一些由于亲子关系紧张而导致的

心理问题，尤其是当孩子处于青春期，独立自主意识高涨，和父母产生冲突后又不愿和他们沟通时，心理剧应该是个比较好的缓解矛盾的方法。

有这样一个案例：母亲在孩子不在家时给他整理房间，不小心弄坏了孩子书桌抽屉上的弹子锁，发现抽屉里有一本上了锁的日记本。母亲没有看孩子的日记，但是孩子回家后发现锁坏了，以为父母窥探了他的隐私，大发雷霆，扬言要离家出走，而且很长时间都不和父母说话。父母对他的这种激烈反应感到既紧张又尴尬，于是带着孩子去做心理咨询。在咨询过程中，孩子由于对父母极度反感，不太愿意袒露内心的想法，给化解双方的“心结”造成了困难。在这种情况下，为了突破交流的障碍，咨询者可以把整个事件的经过编成心理剧：第一幕呈现弹子锁坏掉的经过；第二幕呈现孩子回家发现锁坏掉后发怒的情景；第三幕，可以设置一个让父母和孩子谈心的情境，互相说出对方言行给自己的感受。演出时既可以让当事人自己演自己，也可以让不同的当事人互换角色或者让他们看别人表演，以站在比较客观的立场对自己和他人的言行进行审视。其中第三幕应当是比较重要的环节，因为在现实中父母和孩子并没有那样一个机会去沟通，而让他们演出或观看心理剧的目的就是给双方情感的交流与疏导创造机会，从而达到相互理解。

②焦虑、抑郁等情绪问题。心理剧的一些技术，如“独白法”、“时间投射技术”等对于不良情绪的宣泄是非常有效的。在心理治疗与辅导过程中，有些当事人出于各种原因不敢表露自己内心的真实想法，心理剧为他们提供了一个表达宣泄的契机。当事人通过角色扮演，将隐藏于内心的思想借着独白机会说出来，或者回到过去，让过去的错误在内心世界里作个

了结，可以排解积压的不良情绪，轻松地投入生活。

③适应不良。适应不良的基本特征是在行为方面出现了不能满足外部要求的现象。适应不良的产生往往与当事人的认知、态度息息相关，在对其进行心理辅导与治疗时，也应侧重于改变其对环境的不合理认知，使其明确在新环境中的角色期待。心理剧中的“镜子技术”、“角色反转法”等可以让当事人站到他人的角度看自己，对于改变当事人对自己的不合理认识，帮助其了解自己、接受自己，最终提高适应环境变化的能力有重要作用。

④个性缺陷。心理剧以角色扮演为基础，利用一定的治疗技术使存在个性缺陷的人认识到自己的角色偏离，纠正自己的角色失误，并习得新的行为习惯。常常采用的是“镜子技术”，由他人模仿当事人的表情、姿势、言语、动作等，当事人透过别人看自己，了解到自己生活中的言行给别人和自己带来的负面影响，激发其改变的主动性，促进不良行为的改变，重塑健康人格。

心理剧告诉我们，在日常生活中，我们不仅可以从自身的经验中学习健康的处世方式，也可以通过观察别人的行为来获得成长；如果你已经为人父母，那么“身教重于言教”就是我们必须充分重视的儿童教育准则。我们还要注意儿童所接触的整体环境的优良，注意儿童与哪些人交往，阅读的书籍，观看的电影、电视、录像是否健康等。因为，对儿童来说，不仅教师、父母、同伴是重要的榜样，大众传媒也是重要的榜样。当然，角色互换技术提醒我们换位思考的重要性，这样，你可以更加准确地理解你的朋友亲人的想法，也能更加客观地去认识和解决自己的心理问题。

[illegible]

[illegible]作用。

[illegible]人格。

[illegible]自己的心理问题。

四、转换思考路径

——认知改变心灵

“天灾人祸不足奇，想不开才出问题。”人的心理问题有时是由认识上的混乱和错误引起的，而解决问题的关键在于转换思考路径，重新建立正确的观念和认识。

10. 多情却被无情恼：艾利斯的理情行为治疗

造成个体困扰的原因不是事件而是个体对于事件的判断与解释，因此个体要对自己的行为和感受负责。

——艾利斯

这是我有生以来和自己开的一个最大的玩笑。

刚开始，我并没有怎么注意到他。后来，在图书馆、在教室，经常可以看到他孤独勤奋的背影。慢慢地，一天不见他我就心中不安。我于是开始思索接近他的办法。是开门见山呢，还是迂回曲折？由于胆量不够，我所有的计划都没有付诸于行动，但我几乎已经摸着他的规律了。什么时候在教室学习，什么时候在食堂吃饭，什么时候骑车从操场边经过……我的生活节律也渐渐和他的一致。这样基本上可以保证至少每天见一次。庆幸的是，他也开始注意我了。每次与他对视都使我感到幸福无比，觉得那深情的一眼已经表达出了所有的东西。他一定也有和我一样的感觉。一定！可我需要等待，因为他正忙着考研，考完后我们会慢慢表白的。

漫长的等待之后还是等待，很难再见一次了。想尽所有的办法得到的消息只是他可能没考取。突然有一天，他出现了，可是身旁多了个她。我的心立刻乱了，这就是结果?! 伤心的时候诗意总是很浓，我给他写了两首诗，但没署名，我不愿被别人看成丑小鸭。我决定不再想他，有一段时间觉得自己做得挺不错，见了他竟也控制住了自己的视线。

那天，他出现在教室，我突然有一种遥远而亲切的感觉，不由得脸红心跳。晚上，我又一次失眠了。我发现他仍是那么有吸引力。其实，我从来没有真正忘记过他，只不过是自欺欺人罢了。已经三点了，我索性起来给他写信，最后的要求只是希望能知道他的工作情况。这次，我署了名。我不再顾虑什么，也许这一走就是永别，我还需要在乎什么呢?

他来了，兄长般地聊了起来。当问及是否想过是我写的信时，他很坦率，没有，从来没有注意过我。天哪，原来如此！自作多情，我今天才深深地体会到这一词汇的含义。我像做错事的孩子似地低着头，泪水在眼眶里打转，但是没让它流出来。要想轻松地入睡是不可能的了。

我真的那么傻吗?当时我可是百分之百地肯定他也注意我了呀！可他的表情告诉我，我真的错了。

这个玩笑，未免太大了！

一场误会而已。

可还是难以接受。

把这场误会缩小，人生中经常会出现令人尴尬的场面，很自然，不必抓住不放，更不必夸大。

有点想通了，以后怎么办呢?

把一切都向他说明，也许更好。

他会用怜悯的眼光吗？

也许会。

那我可受不了。

告诉他你不需要这个，他会另眼相待的。

他是很能理解人的。

这不更好吗？对！人生的路还很长，这个玩笑很有教益。心理的作用真是巨大，它常会扭曲客观世界的真实面目，所以了解并调节自己的心理是很重要的。

轻松了，现在睡觉，明天还要参加校运会开幕式。

摘自吕秋芳．大学生心理健康与调适［M］．北京：华文出版社，2002

在这个女大学生的心情故事中，她先是心仪一位男生，后因为男生无意中的目光接触而认为男生和她心有灵犀一点通，终日为情所困，及至后来为男生所拒绝，又怀疑自己平庸，感到难受。最后通过自我调节而获得解脱。它较好地表现了艾利斯的理情行为治疗。

(1) 人有所思、才有所感：理情行为治疗的ABC理论

理情行为治疗是认知疗法中最典型、最具代表性的一种治疗方法，是由美国心理学家艾利斯（A. Ellis）于20世纪50年代创立的。理性情绪行为疗法关于心理失调产生的原因和机制的看法集中表现在ABC理论中。关于它的核心观点，艾利斯

常引用古希腊斯多噶派哲学家爱比泰德和莎士比亚的话来表达，爱比泰德曾说：“人的烦恼不是起于事，而是起于他对事的看法。”莎士比亚的《哈姆雷特》中则有这样一句话：“世事无好坏，思想使之然。”这些话和中国古语“天下本无事，庸人自扰之”如出一辙。

ABC 理论的理论要点是：一个人的情绪和行为障碍不是由某一诱发事件本身引起的，而是由于经历这一事件的个体对它不正确的认知和评价引起了错误信念，最后导致在特定的情境下的不良情绪和行为后果。艾利斯曾用下图来表示 ABC 理论。

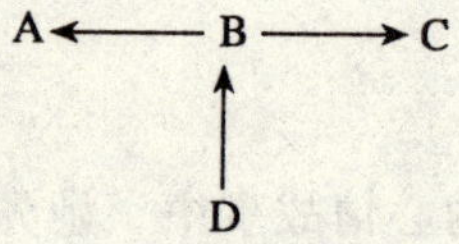

①图中 ABCD 的具体含义

A（Activating events）诱发事件，是指可能激起一个人信念产生反应的一种情境或情境中的部分状况。事件是一个确实的情境，也可能是个体对于事件所做的解释或是推论。如篇首故事中男生和女生的目光接触。

B（Beliefs）信念：信念是人的一种认知，它反应了这个人对于事件 A 的态度。解释或内言推理也是一种认知，对客观事实或加添资料的认知。这一种认知与人因为情境所引发的信念是不同的。事件 A 包含了一个真实的事件，而 B 则代表对于事件 A 的各种想法信念，如女生因为男生和她无意中的目光接触而认为男生也和自己一样是有情的。信念可以是理性的，也可能是非理性的。艾利斯对信念的区分如下：

第一类是希望、向往的信念（理性信念）与强迫性、绝对要的信念（非理性信念）。理性信念的表达方式是“我希望……”“我要……”“我愿……”“如果……会很好”等；非理性的信念的表达方式是“我一定要”、“我必须”、“我要求”、“那是绝对必要的”等。

第二类是不可怕信念（理性信念）与可怕信念（非理性信念）。理性的信念是不可怕的。非理性的信念是可怕的，如“如果……那将是很可怕的”、“如果……那是可恶的”、“如果……将会是世界末日。”

第三类是高挫折忍受力（理性信念）与低挫折忍受力信念（非理性信念）。理性的信念是可以忍受的；非理性信念是不可忍受，如“我无法承受”、“那是无法忍受的”、“我一定会死”、“我会崩溃”。

第四类是接纳的（理性的信念）与责怪和自贬的信念（非理性的信念）。理性的信念是接纳的；非理性信念是自贬、自责；责怪、看轻他人；抱怨生活环境不佳。

C（Consequences）结果，是指当我们持有 B 信念时所引发的情绪和行为后果。

D（Disputing），咨询或治疗，因为理性情绪行为疗法的主要技术是教导当事人对不合理信念进行质疑和辩论。通过 D 来影响 B，认识问题解决了，情绪和行为困扰就会在很大程度上解除或减轻。

艾利斯指出的常见的 11 种非理性信念

a. 获得重要人物的欣赏和支持是十分重要的

这是不可能获得的目标，因为即使得到了所有重要人物的赞许，还是会担心赞许的多寡、程度的问题，结果大部分的时间都花在如何得到别人的喜爱，而没有充裕的时间从事有益的活动或是充实自己，成为他人导向而非自我导向。

b. 一个人应该是全能的，努力去实践理想

没有人能够在各方面都能力十足，都能胜任愉快，而且大多数人连在一小方面也未能出人头地，追求这样的十全十美会使他产生自卑感，害怕失败，也会导致他把每种活动都看作是竞争性的，而无法享受这些活动所带来的乐趣。

c. 坏人不好，应该受到惩罚

人是不免会犯错的。责备和惩罚通常不但不会使行为有所改善，反而会导致更不好的行为，或是带来更严重的情绪困扰。我们可以这样想："他们做了不好的行为，可能的话，不要使他再犯同样的错误。"

d. 若事情未如人愿，那实在太可怕了

人一般都不喜欢不理想的情况，可是遇到挫折时，如果认为那是天大的事情，会使自己感到非常的苦恼或烦闷，实际上，事实是事实，并不一定要自己喜欢不可；当事情可能改善时，努力去改善；不能改善时，要学会接受事实。

e. 不幸福是由外界引起的，人无法控制

很多人相信别人和外在的事物使他们不快乐，而且相信外在事物的因素若改变的活，他们便不这么难堪。实际上，别人的批评并不会伤人，而是受批评的人对这些批评所持的看法、解释、态度，使人受伤。

f. 对于危险或可怕的事，一个人应该非常担心，而且应该顾虑到他可能随时发生。

对危险和可怕的事物有一定的心理准备是正确的，但过分的忧虑则是非理性的。因为坚持这种信念并不能改变这种情形，只会夸大危险发生的可能性。

g. 面对现实中的困难和自我承担的责任是件不容易的事情，倒不如逃避它们。

逃避问题从表面上看缓和了矛盾，但问题却始终存在而得不到解决，我们最终还是要面对它。时间一长，问题便会恶化或连锁性地产生其他问题和困难，从而更加难以解决。

h. 人需要依赖别人，特别是需要依赖比自己更强而有力的人，只有这样，才能生活得好些

虽然生活中我们或多或少要依赖别人，但过分夸大依赖的必要性则可能使自我失去独立和个性化，导致更大的依赖，从而失去学习能力，产生不安全感。

i. 一个人以往的经历和事件决定了他目前的行为，而且这种影响是无法改变的

过去会影响现在，但是不能说这些事件会决定一个人的现在和将来。人们可能以过去为借口来逃避对行为的改变。事实虽不可改变，但是对事件的看法却是可以改变的，因而人们仍然可以控制和改变自己以后的生活。

j. 一个人应该关心他人的问题，并为他们的问题而悲伤难过

关心他人，富于同情心是有爱心的表现。然而，别人的事情常常与己无关，因此我们不可能那么地关心。如果他人问题引起我们的关注，让我们难过的是我们对他人行为所赋予的意义。过分投入他人的事情就可能忽视自己的问题，为他人的问题悲伤难过常会影响我们帮助别人解决

问题。

k. 人生中的每一个问题都应有一个惟一正确的答案，如果找不到这个答案，就会痛苦一生

人生是一个复杂的过程，任何问题都没有完美的解决办法。如果坚持寻求某种完美的答案，只会产生持续的焦虑，并且会使自己感到失望和沮丧。

摘自张进上．理性情绪行为治疗的理论与实务［M］．台湾：台湾省立台南师范专科学校学习辅导室出版，1985

②不良信念产生于对特定事件的认知与评价

在一部电视连续剧中，两位主角小华与小韦同住在一个帐篷内，小华想睡觉可无法入睡，因为旁边的小韦翻来覆去弄出很多声音，最后小华忍不住要小韦与他一起想办法可以使他们都能够入睡，以下是他们之间的对话，从中我们可以体会出信念是如何影响人们对特定事件的认知与评价的。

小华：你到底在烦些什么？

小韦：我收到太太一封信，她告诉我家里正在下雨。

小华：但是下雨有什么好担心的呢？

小韦：家里的排水管漏水，而太太想要自己修理。

小华：所以呢？

小韦：梯子是坏的。

小华：喔，我知道你担心什么了。你担心太太没有发现梯子坏了可能会摔跤受伤。你太太一定会发现梯子是坏的而不会冒然爬的，因此她也不会受伤，没什么好担心的。睡吧！

小韦：不，你不了解。我确定她会看到梯子是坏的，

而且她会请附近的杂工修理梯子。

小华：所以你担心什么？

小韦：她会发现那个杂工已经退休了，而她会转而请邻居帮忙。

小华：然后呢？

小韦：我想这个邻居会占她的便宜。

小华：但是你应该相信太太，她不像是那种会随便和其他男人发生关系的女人。

小韦：但是我在这里已经两年，她这两年一直过着无性的生活，所以我实在担心她会和邻居有染，这是我无法忍受的。

③信念是引起人的情绪及行为反应的直接原因

以下是美国心理咨询专家 Gerald Corey 所著《心理咨询与心理治疗》中的一段咨询实录，从中我们可以认识到错误信念是如何引发心理问题的。会谈中的露丝患有抑郁症，这是咨询师与她的初次会谈。

咨询师：让我们转移到你的抑郁上面。你认为是什么引起了这些感受？

露丝：我不清楚，我从未真正想过那么多。我猜是我的生活令我不高兴，并且我不喜欢事情向我展示的方式。

咨询师：我们能够做什么才能帮助你减轻抑郁呢，我们就从你最近一次感到抑郁开始吧。你能告诉我是什么时候吗？

露丝：是的，那是几天以前了。当时我的两个最小的孩子苏珊和亚当正在看电视。苏珊想看她最喜欢看的节目，亚当想看棒球赛。他们开始打架，并不断升级。最后我不得不向他们怒吼，我并没有当真骂他们俩。然后我就感到非常抑郁，因为我不再是一个好母亲了。事实上，我似乎比谁都坏。我让我的孩子们很痛苦。这些天丈夫对我也没好脸色，看起来似乎一切都停滞了。我的生活糟糕透了。孩子们不互相爱护，丈夫拼命干活，几乎看不到他。如果我不在场，孩子们会更高兴。他们明显不再需要我了。

咨询师：露丝，你现在的生活或许没有那么精彩，也许没有很多人愿意像那样活。但这会意味着事情是不可改变的吗？这意味着你不能创造一个更精彩的生活吗？现在，让我们花点时间看一看，你感到抑郁那天你想了些什么？

露丝：当我的孩子打架时，我开始抑郁，我就想："我一定是个糟透了的妈妈。我的孩子们不互相爱护，也许他们永远也不会了。我的丈夫不爱我，他们不爱我。"在这种时候我就问自己，这是怎么了。

(2) 拒绝非理性信念：理情行为治疗的主要技术

艾利斯曾指出，合理情绪治疗可以倾向于采用多样的技术方法，只要是将这些方法运用于合理情绪治疗的框架之中，这都是允许的。在此过程中，应强调改变来访者的认知。

①ABCDE 自我分析技术

A——找出引起不良情绪的事件、想法；

B——伴随该事件产生的不合理信念、想法；

C——描述由此导致的不良情绪和行为后果；

D——与不合理信念辩论，对不合理信念逐一反驳；

E——观察信念改变后产生的结果。

一个青年教师在校长听他课时由于紧张和备课不充分，讲错了一句话，并为此陷入深深的自责和懊恼中，不能自拔。咨询师让他就此事件作出 ABCDE 自我分析：A 事件（诱因）——给学生上课时讲错了一句话，恰逢校长听课；B 信念——发生了不好的事情，校长听课就是来挑毛病，怎么我在关键时刻总是不能表现出色？我的毛病被他发现了，我完了；C 结果——挫折、烦恼，情绪：自责、抑郁、绝望；行为后果：我没有价值活着，没有意思，没脸见人，还不如去死；D 辩论——谁能没点错哪？是人都会犯错，我不过是讲错一句话，并没有错误连篇，这不是不可饶恕的错误。谁能根据偶然的口误就说我没有价值哪？生活不是在照常进行吗？E 效果——认知效果：口误难以避免，谁都可能说错，以后认真备课，改进教学方法。情绪效果：我虽然有烦恼，但不必自责，我还有很多机会，我会做得更好。行为效果：我要事先认真备课，磨练表达技巧。

②与不合理信念辩论

在采用合理情绪疗法进行咨询时，首先应找到非理性信念，并有效地进行辩论。这是理情行为治疗的主要技术。

玛丽亚决定与丈夫离婚，她在前来咨询时抱怨说，他的丈夫讲家里的每一件东西他都要，这使她非常愤怒。艾利斯很快帮助她找到了她问题的ABC：A（诱发性刺激）——她的丈夫不合理地要家中的所有东西；B（对A的评价与解释）——她认为“他不该那样对待我”，“他应该讲道理”；C（情绪和行为的后果）——她对她的丈夫感到非常愤怒。在找到了病人的信念B之后，艾利斯立即开始引导来访者与其不合理信念进行辩论，以下是会谈过程：

艾利斯：……为什么他应该讲道理呢？有什么理由？

来访者：因为我把33年的精力都用在这个家上了！

艾利斯：这可能是他的无理之处。“我把33年的精力都花在这个家上了，因此我就应该得到更多的东西”，对这一点，可能大多数人都会同意。但是，为什么他必须分给你这些应得的家产呢？

来访者：不，他不是必须那样做。（在这一会儿艾利斯博士以询问为主，要求来访者对自己的信念拿出证据，说出理由来，为什么说丈夫必须或应该按照来访者的想法去做。）

艾利斯：他不是必须那样做，为什么？

来访者：我们可以试着在一起讨论。

艾利斯：要知道，他是可以做任何他想做的令人诅咒的事情的，他是可以去干像现在所干的那种不讲理的事情的。为什么他会有不讲理的行为，你知道吗？

来访者：他就是不讲理，根本不讲理。

艾利斯：因为那是他的天性？

来访者：是的……

艾利斯：他会去干那些令人诅咒的事情，因为他想干。

来访者：我懂（笑）。

艾利斯：这不正是你为什么要离婚的原因吗？不幸的是，他现在可能正期待着你那样做，那是他的天性。这并不意味着他总是干坏事情。但在分家产这样的事情中，有许多证据表明他通常都是不讲理的。他现在做的，与以前做的事是一样的。这不就是他的行为方式吗？但他自己还没认识到这一点，他仍旧是不讲理的。（在这里，艾利斯博士是要使来访者认识到她丈夫会按自己的方式行事，这是不以来访者的意志为转移的。）

来访者：是的。不过我还是很愤怒。

艾利斯：因为你并不放弃"他不应该那样待我"，"他不应该不讲道理"的想法，你的问题是要放弃那些"应该"，并且与之进行辩论，我们正在做这样的辩论。要把这些想法变成："如果我丈夫做事讲道理的话，那我会感到满意。"（艾利斯博士在这里教育来访者把其绝对化的要求转变为一种希望式的想法。这是比较现实的，是帮助来访者改变其认识的方法之一。）

③合理情绪想象技术

咨询师：我们一直在对你的这条不合理的信念进行辩论，即"因为我爱孩子，所以我必须全身心地爱他们"。你也可以用另一种常用的情绪治疗技术——理性情绪想象。你想知道如何做这种练习吗？

露丝：是的，我想。

咨询师：那好，闭上眼睛，很轻松地闭上。

露丝：好的。

咨询师：现在生动地想象有一件最坏的事情落在了你头上，假设你没有全身心地爱你的孩子。事实上，你在某种程度上忽视了他们。想象他们正在因此而抱怨，你的丈夫和父母也因此而严厉地责备你。你能栩栩如生地想象这种情景吗？

露丝：那还用说！我能够清楚地画出来。

咨询师：好，现在你心中真实的感受是什么？

露丝：非常内疚、抑郁、自责。

咨询师：好，继续体验这些消极的感受，强烈地感受它们！

露丝：我的确在感受它们，很强烈。

咨询师：好，现在仍然想象同一个情景，别改变，让你自己只为所发生的事情感到抱歉和失望，不是内疚，不是抑郁，也不是自我谴责。这些都是不健康的、不适当的消极感受。你控制你的感受，因此你也能改变他们。那么，告诉我你只感到抱歉和失望。

露丝：达到这一点比较困难。

咨询师：是的，我知道，但你能做到，你肯定能改变你的感受。

露丝：我试试吧。

咨询师：很好！

露丝：（停 2 分钟后）我改变了那些感受。

咨询师：现在只感到抱歉和失望，不感到内疚和抑郁了？

露丝：是的。

咨询师：好！你怎么改变的？你都做了什么？

露丝：我对自己说，我的孩子、丈夫、父母都为我忽视孩子而责备我，太糟糕了，但我不能肯定我忽视了他们。即使是，那也只是我的错，那种行为也不至于让我成为一个“烂人”。我会尽量减少这种行为，但也不是全身心地爱孩子。如果我仍受责备，那太糟糕了，但也不至于是世界的末日。

咨询师：非常棒！我希望在今后的20～30天里每天都重复做这样的练习，记住，从不健康的内疚和抑郁改变成健康的抱歉和失望只需两分钟。每天都做，使用这次你用的应对陈述，或者在你做理性情绪想象时，涌现到头脑中的其他的应对陈述。如果你持续这样做，我想20～30天以后，当你再想到关于孩子这件糟糕的事发生，或者真有类似的事情发生时，你会倾向于自动地感到抱歉和失望，而不再感到不健康的内疚和抑郁。

④认知家庭作业

认知“家庭作业”以及为促使当事人很好地完成“作业”而提出的相应的自我管理方法。可以帮助当事人将理性行为治疗法的A-B-C理论运用到日常生活中所碰到的问题。借助表格，要求当事人将他们的问题列出来，找出绝对性信念，并加以质疑。指派这些家庭作业是为了追踪当事人的自我暗示中蕴含了哪些“应该”和“必须”的信念。例如，一个有表演才华的学生因为害怕失败，不敢在毕业汇演时表演，咨询师可能会要求他先扮演小角色，教导他去自我暗示，例如，“我会失败，我会显得很笨，没有人会喜欢我”；并以更正面的信息来取代它，例如，“虽然我常会表现得很笨拙，但我不是笨蛋。

我能表演，我将尽力而为。被人喜欢是挺不错的，但不是每个人都会喜欢我，而即使如此也不是世界末日”。依循这一方法，他们会渐渐学会处理焦虑，并能向基本的非理性信念挑战。

(3) 合理思考，愉快生活：理情行为治疗的基本步骤

理情行为治疗的全过程及其采用的各种方法均用于改变病人的不合理信念，并以合理信念代替不合理信念，帮助病人解除情绪困扰。这一方法同时可以帮助我们在日常生活中培养理性信念，保持心理快乐。

①帮助当事人找出他们持有的许多不理性的“应该”、“最好”和“必须”。当事人要学习区别理性与非理性的信念，哪些是合理的，哪些是不合理的，把不合理的信念列出来。为了增进这种察觉能力，咨询师要扮演一个科学家，向当事人原已接受或未曾怀疑就视为真理的自我挫败信念挑战。

②讲清楚不合理的信念与他们的情绪及行为问题之间的关系。咨询师告诉当事人，他们被困扰并不是因为某个事件或情境，而是对这些事情的知觉，是他们自己通过持续非理性的思考，以及一直重复暗示自己，所以他们要为自己的问题负大部分的责任。咨询师不能只告诉当事人他们有不合逻辑的思考，因为他们会说：“现在我了解我担心失败，并且了解这些害怕是被我夸大与不切实际的，但是我还是担心失败！”为了让当事人超越仅止于认清非理性的想法与感觉，接着咨询师会采取第三步。

③协助当事人矫正不正确的想法和放弃非理性的思考。咨询师协助当事人了解恶性循环的自我责备过程。通过自我分析、与不合理信念辩论、合理情绪想象等技术，帮助当事人建立合理信念，使之内化为自我的观念，并在以后的行为中体现出来。

④帮助当事人发展一套理性的生活哲学。如果仅处理某特定的问题或症状，将无法保证新的非理性信念不会再出现。咨询师要帮助当事人掌握如何以理性的信念与态度取代非理性的信念与态度，真正能够发展一套与事实相一致的、合乎逻辑的、变通而具有弹性的生活哲学，从而不断发现生活的快乐与幸福。

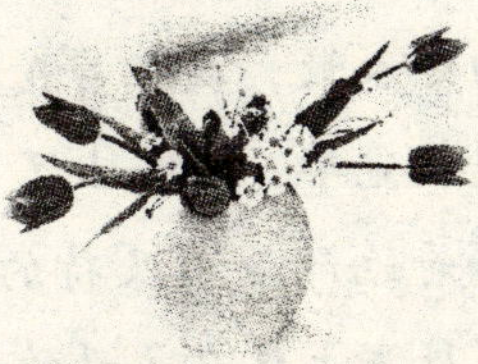

11. 理智战胜情感：贝克认知疗法

欲修其身者，先正其心；欲正其心者，先诚其意；欲诚其意者，先致其知；致知在格物。

——《大学》

我出身于一个教师世家，现在一所省级重点中学任教，书香门第的严厉家教使我形成了内向、保守的个性。我蔑视那些袒胸露背穿超短裙的年轻女性，更瞧不起那些在男女问题上轻率行事的女孩。然而滚滚红尘，守身如玉的未婚姑娘早已为数不多。经过多年的苦苦期盼和寻觅，28 岁那年，我如愿以偿找到了自己心中的窈窕淑女。通过明查暗访，我发现她的性格、为人、家庭都符合我的理想要求，我以为自己遇到了一个没有断臂的东方维纳斯，于是悉心守护着心中的女神。恋爱两年，我从未越过那片禁区，我要将初夜留到新婚之夜。

……

曲终人散，我拥着我的新娘流出了幸福的泪，激情高涨。洗漱完毕，妻先上了床，还一个劲地催我快点脱衣上床。瞧着她那迫不及待的情形，一个问号在我脑子里一闪：在性事上这么主动的女人可靠吗？我的激情一下子降温许多。难道她在婚前的表现是装出来的？她在婚前与别人是否也这样主动和随便呢？我越想越不是滋味，一种上当受骗的感觉油然而生，便转过身去不理她。她见我好一会没动静，终于不耐烦了，一骨碌坐起来：“夏天，你想干什么！”

我也来气了：“我以前一直以为你是纯洁的淑女，想不到你会主动要和我做那事，我很失望！”她更生气了：“你这迂腐穷酸的男人，我真是嫁错了！夏天，你是不是有病瞒着我啊？”她哭着跟我闹起来。

那天，我没有成功，无论我怎么努力都不行。我垂头丧气地败下阵来。为什么？为什么？我愤怒地捶打着席梦思。妻子也在伤心地哭泣，说我骗了她。后来我一次次地试过，都没有成功。妻要求离婚，在我的哀求之下，勉强答应给我几个月的时间治疗。

几个月苦熬下来，我的身体几乎垮了。我现在怕回家，怕看见妻子，我对不起她。我感觉自己活得真累，人也消瘦了许多，食欲大不如前，对什么事都失去了热情，看到人家很开心地生活，我却有一种生不如死的感觉。我去医院看过几次，大夫说我没什么病。现在夜里总睡不着，常做噩梦，出冷汗，白天勉强上完课，就躲在宿舍里怕出来，总感到有人在我背后议论我“那个”不行，明知是自己多虑了，但脑子里总是摆不脱这个念头。这样拖下去我真担心自己有一天会精神崩溃。

摘编于：http：//www. xici. net/b756061d9535019. htm

两千年前，一位哲学家写下了这样的一句格言：“天灾人祸不足奇，想不开才出问题。”夏天的悲剧完全是由于自己对性观念的认识偏差引发的连锁反应造成的恶果。他错误地认为女性在性生活中只能处于含蓄的被动地位，主动要求便是淫荡不贞。在这种心态影响下，造成了洞房之夜的紧张气氛，心事重重的夏天出现了自己最不想看到的结果是不足为奇的。

问题的核心归结为：女性在性生活中能不能主动？几千年的封建礼教的毒害和束缚，使女性在性生活中一直处于被动的从属地位。时过境迁，女性早已成为独立的“半边天”，获得了与男性平等的地位和权利，这中间包括婚恋自由和在性生活方面的平等。根据贝克的认知理论，夏天只有认识和领悟到自己的错误的认知，纠正偏见，与妻子达成一致的理解，才能早日康复。

(1) 关键在思维：贝克认知疗法的基本理论

艾伦·贝克（Aaron Beck）生于1921年，是美国心理学家。他认为：心理问题不一定都是由神秘的、不可抗拒的力量所产生，相反，它可以从平常的事件中产生，由人们对于普通事件的个人认知引起。认知是情感和行为的中介，情感问题和行为问题与歪曲的认知有关。他提出，每个人的情感和行为在很大程度上是由其自身认识外部世界、处理问题的方式和方法决定的，也就是说，一个人的思想和观念系统决定了他的内心体验和反应。

在贝克看来，错误的认知主要表现在两个方面，一个是较为表层的自动思维，一是较为深层的歪曲认知。其中表层的负性自动思维是由深层的歪曲认知而引起的。

①自动思维。贝克认为，错误思想常以“自动思维”的形式出现，即这些错误思想常是不知不觉地、习惯地进行，因

而不易被认识到。例如：上文中的“我脑子里一闪：在性事上这么主动的女人可靠吗?”就是一个自动思维。贝克认为负性自动想法有如下特征：

a. 来访者在体验到某种不愉快的心理状态时，大部分自动想法反映了该心理状态的主体内容；

b. 这些思想来得快，通常处于意识的边缘；

c. 负性想法多出现在情绪焦虑或恐惧发生之前，并与情绪相一致；

d. 来访者认为这些想法有道理时，便不假思索地认为其正确；

e. 负性想法有时带有命令性质，即使来访者想抑制，它们也会反复出现。

②认知歪曲。贝克认为，情绪困扰的人倾向于会犯“独有的逻辑错误”，他归纳了在认知过程中常见的几种认知歪曲形式：

a. 任意的推断，即在证据缺乏或不充分时便草率地作出结论，如“我是无能的，因为我去买东西时商店已经关门了”。

b. 选择性概括，仅根据个别细节而不考虑其他情况便对整个事件作出结论，是一种类似于瞎子摸象式的、以偏概全的认知方式。如“我以前一直以为你是纯洁的淑女，想不到你会主动要和我做那事，我很失望!”

c. 过度引申，是指在单一事件的基础上作出关于能力、操作或价值的普遍性结论，即从一个具体事件出发引出一般规律性的结论；如“因为我不明白这个问题，所以我是一个愚蠢的人”或“因为我打碎了一只碗、所以我不是一个好母亲”。

d. 夸大或缩小，对客观事件的意义作出歪曲的评价。这种情况的典型例子是“一朝被蛇咬，十年怕井绳”。

e. “全或无”的思维：即要么全对，要么全错（all-or-nothing）。把生活往往看成非黑即白的单色世界，没有中间色。以“非此即彼”、“是或否”、“好或坏”的极端方式进行分类，一旦遇到挫折很容易从过分自信走到自我否定的反面去。如没有被聘为播音员，从而就产生“我感到非常沮丧，因为没有什么地方再会聘我了，我现在连整理房间的能力也没有了，我成为一个无用的人了”。

f. 个人化，将一切不幸、事故都归因于自己的过失，并不断自责。如一位朋友生病去世，来访者责备自己忙于个人事务，未能照顾朋友的健康状况，为此内疚悔恨。此外，认知歪曲还包括应该倾向、选择性消极注意等。

③常见的错误观念。日常生活中，当人们以这些歪曲的认知来理解看待事物时，往往形成一些错误观念。常见的主要有下列几种。

a. “危险与安全”观念。对环境及事件发生前危险度的估计因人而异，如估计过高，则会产生不必要的紧张焦虑，使行为受限（如恐怖症、强迫症）；估计过低，则易发生意外。心理咨询中常见的主要是前者，即过高估计危险度，主要表现为害怕某种环境、人际敏感等。

b. “幸福与痛苦”观念：这常常是来访者人生目标追求过程中的两种极端认知。例如“要幸福必须事事成功”、“达不到目标勿宁死”等等。持有这些态度的人，多被别人或自己认为是很有才干的人，自尊心强、害怕失败、不满足自己，无休止地驱使自己去“奋斗”，所以神经一直处于紧张状态，当然不会有“幸福”可言。如果因某一事件的影响，或某次失败，就把此当作灾难，“我没有达到目标……我是失败者”。他们的自尊顷刻瓦解，而自卑、沮丧、焦虑、抑郁情绪像滚雪球一样越来越强烈。

③“该与不该”观念，来访者自己内心有一套固定信条，认为自己应该怎么样，不应该怎么样，如：“我应该最宽宏大量，体谅别人；我应该做个好爱人、好朋友、好父母、好老师、好学生；我应该永远快乐，不伤害别人的感情；我应该知难而进，永远能控制自己的感情；我应该自信，能解决每一个问题；我应该永不疲倦，保持旺盛的精力……”“应该”像无形的鞭子，使“应该者”努力加码，给自己精神上造成压力，给生活增添无数困难，整日为“应该”奔波。信奉这些信条的人对自己有很多“不应该”和“应该”，他们同样以这些信条要求他人。当别人不根据他们的信条行事，就造成了人际关系紧张，同时加重了他们的负担。

(2) 重新认知境况：贝克认知疗法的过程和技术

贝克认知疗法的主要着眼点放在来访者错误或歪曲的认知问题上，经过改变来访者对己、对人、对事的看法与态度来改善他所呈现的心理问题。因此对于认知治疗来说，基本步骤就是要发现错误观念及其赖以形成的认知过程，并加以纠正，使之改变到正确的认知方式上来。

①启发来访者识别不良认知

第一，识别自动思维。咨询师可以采用提问、指导病人想象和角色扮演来发掘和识别自动性思想。有几种技术能帮助病人识别负性自动思维。

a. 请来访者回忆最近的一个具体事例。如果来访者对事件有清楚的记忆，医生应请他详细说明当时的情境和情绪体验。“当时你想过什么?”“那时你脑内有什么想象吗?”“在你最焦虑时，你想可能会发生什么样最坏的事情?”

b. 用想象或角色扮演再现情绪体验。当直接询问不能引出自动想法时可用想象法。指导语为：“看起来你好像不能准确记住那时发生的什么情况？对这个问题，我们可以试试对那个情境进行详细的想象，然后让想象移动，好像你在看电影。现在缓慢地使想象向前移动，注意你的感觉怎样？你的头脑里闪过什么想法？现在你见到些什么？在你的焦虑加至最强时你的头脑里想过什么?”

如果事件涉及人际相互作用，可以用角色扮演再现情绪体验。这种技术可以相当简单地引入会谈，如：“假设我就是你的同事，当你向我提出使用电脑的请求，遭到拒绝，此时你的感觉怎样？当时脑子里想过什么?”然后变换角色，再现当时情境和情绪体验，自动思维就容易显露出来了。

c. 会谈时人为引起当事人情绪改变。如一例焦虑当事人害怕自已会得脑血管病，咨询师先画一个脑血管草图，病人看图后很紧张。

咨：我画这个图时你想什么？

访：我想的就是这个。

咨：你想什么呢?

访：我想血要出来了。

咨：有一个清楚的图像吗?

访：是的。

咨：你有这个图像时感觉如何？

访：可怕极了。

咨：你在这个想象之前感到紧张吗？

访：没有。

咨：那么，你有了这个想象后怎么会这样？

访：我一想到它，头痛就来了。

第二，识别认知错误。为了识别认知错误，咨询师应听取和记下当事人的诉说的以及不同的情境和问题，然后要求当事人归纳出一般规律，找出其共性。比如可以采用箭头向下技术。箭头向下技术（downward arrow）的步骤：（1）咨询师首先确认某个重要的自动思维；（2）然后询问当事人该认知的意义；（3）再次假设自动思维是真的，继续这样做，直到揭示出一个或多个重要信念。询问对当事人来说什么样的思维意思经常诱出假设；询问其意味着当事人的什么通常揭示出核心信念来为止。常用来揭示出信念的问题："如果那是真的，结果是什么？"和"对您而言，这意味着什么？"

您的笔记讨厌透了

（如果是真的，那结果是什么？）

↓

课堂上我做的不好

（对您而言，这意味着什么？）

↓

我是一个糟糕的学生

（对您而言，这意味着什么？）

↓

②真实性检验。识别认知错误以后，要接着同来访者一起设计严格的真实性检验，即检验并诘难错误信念。这是认知治疗的核心，非此不足以改变病人的认知。咨询师可以通过言语盘查法来帮助当事人进行检验，多是采用苏格拉底式对话的三个问题：这个信念有什么证据？你可以如何解释自己的情境？如果这个问题是真的，应该如何解释？

一位极度压抑的妇女对贝克说："我的家人不喜欢我。""没有人喜欢我，他们认为我就是这样的。""说我一点用处也没有。"她的证据是，她已经成人的小孩子们不再喜欢跟她一起做事了。以下是贝克如何引导她检查现实与她的想法之间的差别的对话。

来访者：我儿子再也不喜欢跟我一起去戏院或者去看电影了。

咨询师：你怎么知道他不想跟你一起去的？

来访者：十几岁的小孩实际上不喜欢与父母一起去。

咨询师：你真的请他们与你一起去过吗？

来访者：没有。实际上，他倒是问过我几次，说需不需要他带我去……可我觉得他不是真的想带我去。

咨询师：试一试让他直接回答你的问题怎么样？

来访者：我猜不到。

咨询师：重要的在于，不是他跟不跟你去，而是你是否在替他作决定，而不是让他自己直接告诉你。

这位病人后来发现，她儿子事实上是很愿意跟她一起去看电影的。

另外，咨询师还可以利用事实对来访者的歪曲进行检验，让来访者亲身体验到其认知曲解，这对帮助来访者改变认知的效果很有作用。我们可以通过“杯弓蛇影”的故事来说明和理解这一过程。

我国晋朝时，有个名叫乐广的人。一次，他的一个亲戚来他家做客，在喝酒时，突然发现酒杯里有一条蛇，但酒已经喝下肚去，心里极为不安，因此得了重病。其实，酒杯里的所谓“蛇”，只不过是挂在墙上的彩色角弓映在酒杯里的影子。为解除亲戚的疑虑，乐广又在他们前次饮酒的地方放上一杯酒，让他坐在那天的位置上，让他仔细观察杯中的影子，告诉他说：“那天你以为是蛇的东西就是那张挂在墙上的弓。现在你看清了吧，我把弓摘下来，杯中除了酒，什么也没有。”朋友一看原来是这么回事，不好意思地笑了，一场重病不治自愈。

在这里，乐广并没有急着向他的朋友进行解释、说服，而是用事实对其想法进行检验，使其亲身体会到信念的错误，最后达到了豁然开朗、疾病自愈的效果。

③建立正确认知。事实上，对歪曲认知进行检验的过程同时也是正确认知确立的过程，因为咨询师在对当事人的歪曲认知提出诘难的同时，多会引导他们确立正确认知。下面是咨询师和一个认为丈夫不再爱自己的青年女性之间的谈话。

来访者：我的爱人近几个月对我不太好，他好像不再爱我了。

咨询师：您为这件事感到很难过，是什么理由使您觉得他不爱您了呢？

来访者：他晚上回家就看电视，也不和我讲讲话，然后他就上床睡觉。

咨询师：那么，有没有什么证据说明，他做过一些和您现在认为“他不爱您”的想法相反的事呢？

来访者：我想不出……等等，两周前我过生日时他送了我一件礼物，一条很精致的项链。

咨询师：好，现在您怎样把这件事和不爱您的想法联系起来呢？

来访者：我猜想他那样做不是真的，不然，他晚上为什么会那样呢？

咨询师：你的想法是一种可能，有没有其他可能的理由呢？

来访者：最近他工作很忙，大多数晚上回家很晚。他很累，我猜想这可能也是一个理由。

咨询师：这很可能，如果真的是这样，您又觉得如何呢？

来访者：我可以问问他是否累了，工作进行得如何？但我没有这样做，就是觉得生气。

咨询师：听起来您的这个主意不错，您把它作为一个星期的家庭作业如何？

另外，去中心化技术也可以帮助当事人建立正确认知。大多数抑郁和焦虑病人感到他们是人们注意的中心，他们的一言一行都受到他人的“评头论足”。如某一病人认为他的服装式样稍有改变，就会引起周围每一个人的注意和非难，咨询计划则要求他衣着不像以前那样整洁去沿街散步、跑步，然后要求他记录不良反应发生的次数，结果他发现几乎很少有人会注意他的言行，从此扭转了自己的思想。

④实践练习。治疗者与当事人共同拟订一份实践活动安排表，活动由易到难，由简单到复杂，鼓励当事人“做点事”比“什么都不做”强，鼓励当事人针对过去困扰的观点和不良行为制定出替代的观点和行动方案。要求当事人记录支持新的信念的证据。

a. 等级任务安排

应用化整为零的策略，让当事人循序渐进，逐步完成若干力所能及的小任务，最后实现完成大任务的目的。例如，有一老太太，一直想整理贮藏室，但一想到任务艰难便畏难而退了。在咨询师指导建议下，她将清理工作分十次进行，每次只清理 1~2 个箱子，这样，她不再感到畏难和力不从心。

b. 日常活动计划，其步骤如下：

第一步，选择一个你需要评估的核心信念，例如“我很不讨人喜欢，我很自卑”等。

第二步，努力寻找哪怕是一些微不足道的显示原来那些信念并非在任何时候都百分之百正确的经验。第一周也许你很难找到什么证据，那是很正常的事情，因为你已经不习惯于发现生活中的美好事物了。

第三步，随着时间的推移，你开始找到一些小的证据，而且每天发现得越来越多。几周以后，当你记下 20 条证据以后，你可再尝试归纳出一个较完整的结论，并与原来的核心信念作一比较，看看原来消极的核心信念是否正确地描述了你的整个生活经验。认识到正确的思想观念对于快乐的意义。下面是一个认知训练日记表。

表 1　　认知训练日记表

1. 情境（何人、何事、何地、何时）	2. 当时的情绪并进行评估（0～100%）	3. 当时不自主的思维或心情如何，并将棘手的思维标记出来	4. 支持棘手思维的证据有哪些	5. 不支持棘手思维的证据有哪些	6. 写下替代或平衡的思维	7. 重新评估第二栏中的情绪（0～100%）
例：表妹迎面走过来，不对我打招呼	自卑、沮丧（90%）	她也许讨厌我，我太没有吸引力了	我的眼睛长得太小，身体不够强壮	以前我和表妹相处得还挺开心的	她那天也许有心事，没有注意到我	我没有必要为此事沮丧（10%）

——摘自 Dennis Greenberger 博士 . Christine A. Padesky 博士著，理智胜过情感［M］，张忆家博士译，北京：中国轻工业出版社 2000。

（3）遵循思考逻辑，健康快乐生活

认知疗法告诉我们，某些心理问题的发生与特定的思维方式相联系，为维护心理健康，我们要善于转换思考路径，遵循思考逻辑。当然，有时仅仅转换思维是不能有效维护心理健康的，这就需要我们在转换思考视角的同时，能够对自己所处的整个情境作出真实的判断，从而找到有效的解决办法和行为措施。如对于一个遭受虐待的人可能需要帮助来访者改变或离开他的环境。面对虐待，仅仅改变思维是不够的。但思维的改变可能帮助这样一个人愿意接受帮助，而不是逆来顺受。

12. 寻找例外：焦点解决短期咨询

即使最棘手的困扰都有“例外”，也就是说，在某段时间内，应该发生的问题却没有发生。

——编者

正常的时候如何？

陈女士，32岁，育有一子，今年8岁。咨询初期，陈女士不住地诉说其子的问题，认为他极不正常，时常傻笑，吞食餐巾纸，学习成绩不理想等。咨询师细听后，问及其子于上述“不正常”的时候外，其表现如何？陈女士犹豫一会后，指出其子亦有正常的时候，例如与其堂兄在一起时，颇有条理。且对汽车模型甚有研究。咨询师进一步问及其子正常时，她会如何与之相处？陈女士表示会较少打骂其子，自己亦较觉轻松、舒服。期间，其子的怪异行为亦相应减少。咨询师遂建议其多观察其子正常的时候，并于其正常时多与他倾谈。往后，陈女士于会谈中较多提及其子正常的时候，并称其学习成绩有所改善。

摘自何会成、朱志强．寻解导向治疗：于社会工作的应用［M］．香港：八方文化企业公司，1999

在这一咨询案例中，咨询师没有过多纠缠于来访者问题产生的原因，而是使用焦点解决咨询方法，直接关注问题孩子的“例外”情况（即正常时候），并进一步鼓励其更多地使例外发生，寻求问题的解决。

(1) 焦点解决短期咨询的基本观点

①事出并非定有因

早期的心理治疗，比如精神分析，以分析当事人问题的成因为主，认为问题乃源于当事人个人的内心冲突，并归因于当事人以往的不良经验，其着眼点在于过去。而焦点解决短期咨询不再纠缠于对问题的成因或使问题延续因素的理解。他们甚至认为，对问题的理解，无助于对问题的解决；而对问题的解决，却不必要对问题有所理解。故此，焦点解决治疗者真正关心的是发掘及发展当事人对问题的解决方案，并提供了一套系统的，专注于发掘及发展解决的方法，这也是焦点解决治疗名称的由来。

②当事人是自身问题的专家

焦点解决短期咨询认为当事人有能力自己解决问题，咨询应从强调当事人的优点而非缺点着手。不是去看他们的缺陷，不是去看他们的失败，而是强调他们成功的经验，这一理念突出表现在焦点解决咨询使用技术的实用性与灵活性，因人而异，没有统一的模式，主要关注个案的特性、力量与偏好。认为问题解决的方法来自当事人本身，把当事人视为专家，因为当事人特别了解自己的情况，以及该如何解决自己的问题。咨询师的任务只是引发当事人运用自己的能力及经验产生改变。

有一名刚失去丈夫的西班牙女人，她的14岁儿子艾瑞哥，在住家附近混帮派。这位母亲心急如焚，因为艾瑞哥不仅逃课，还整天在外厮混，不让母亲知道他的去向，母亲追问，他也拒不回答。“虽然我很客气，也不去‘追问’他，艾瑞哥还是不回答任何问题。”

我不知道该如何着手帮助艾瑞哥，所以我请教他的母亲，当她住在波多黎各时，会如何处理这个问题。这位母亲毫不犹豫地说，她会把艾瑞哥送去和大伯同住，因为那是他们整个大家庭的传统。母亲还提到，大伯很乐意照顾艾瑞哥，也知道如何帮助艾瑞哥改邪归正。事实上，大伯早就知道她与艾瑞哥的问题，甚至提出过解决问题的建议，只是她认为丈夫已经亡故，所以必须独立解决自己的问题。她还补充说，14岁的儿子几乎是男人了，最好由男人来影响他，这一点她却无法提供。后来她打电话取消了第二次晤谈，她提到艾瑞哥已经动身前往波多黎各，她也因此松了一口气。

③凡事都有例外，有例外就能解决

SFBT（焦点解决短期咨询）认为，“例外”是指在某段时间中出现与平时不同的状况，例如最忧郁的人在意志消沉的痛苦中，也会经历到一些舒缓时刻，这段缓和的时间即是“例外”。SFBT认为，个案所抱怨的问题一定有例外存在，只是个案深陷困境，往往看不到而易全盘地否定自己，治疗师的责任是协助个案找出例外，引导个案去觉察所抱怨的问题没有发生或发生时没那么严重，让个案看到以自己的能力和资源，带来问题解决的可能性。因此，找寻这些“例外”，就是进一步建立解决方案的关键。要详加追究这些“小例外”的细节：

何时、何处、如何发生，以及什么人在场，甚至其他种种“例外”刺激当事人详情，可以扩大这个短暂的问题解决片刻，让“例外”更扩大、范围更广泛，从而使问题得到解决。

8岁大的汤米如果受到挫折，就会向旁边的人乱发脾气。可是星期二早上，同学推了他一把，汤米并没有发脾气。详细了解这个“例外”之后发现，汤米心情好的时候，比较能容忍其他小朋友，而且乐于协助老师与同学。再进一步询问他星期二早上到校之前的情形，发现那天他与母亲有非常良好的互动，而不是像平常一样，因为动作慢吞吞而被母亲责骂。

这个信息告诉我们，只要汤米与母亲有愉快的互动，他对同学就会更有耐心，也就是他有能力保持耐心与冷静。我们的处方就是让这个成功的策略经常重复，一直到成为日常性的习惯活动。

（2）焦点解决心理咨询的基本原则

在 SFBT 看来，当事人之所以产生心理问题，是和他们对主观情境的理解，对自己的所欲所望有关，当他们想要设法满足自己的欲望而又受到挫折时，才生出无助无望之感。所以，对待主观世界的问题，不可抱着客观求真的态度，不必执着于谁是谁非，或强自找出问题解快办法。而要因应当事人的具体情况，灵活处理。

①如无破损，且由得他

此定律提醒我们应专注于当事人认为有问题的情况提供治疗，而不要在没有当事人允许、邀请的情况下介入当事人的生活。这个定律基于对人生积极、健康的看法，认为困扰当事人的问题只是其生活的一部分，其他不受影响左右的部分是健康的。不仅如此，我们更应相信当事人自行解决问题的能力，不必越俎代庖。而当当事人委托的问题解决后，如果当事人有其他方面的问题，也会主动提出。故此，工作者应以当事人的意愿为准，而不应以一己的理论取向、经验及兴趣为依归，将“问题”强加于当事人。专业判断或工作者的其他经验也只是咨询师以往的一种经验和看法，面对新的当事人要放下以往的经验，重新开始，只要咨询师以非专家的、好奇的心态，对当事人多点兴趣，当事人自然会决定是否提出问题，以及寻求解决之道。当然，决定有没有问题，十分主观，既无一定准则，更无绝对尺度，主要视当事人的主观感受及其周围人士的看法而定。

②知其可行，宜乎多做

此定律提醒我们要留意当事人尝试解决问题的方法及其结果，并鼓励、推动当事人积极及有效的经验与行为。由于解决方案乃由当事人经验而来，当事人自然能从容为之，并在成功的经验上积累自信心。如此，当事人成功的模式自然能显露出来，也能找到解决问题的方法。此外，SFBT 咨询师还要鼓励当事人多做些尝试，尤其是要把以往成功的经验尝试运用在新的生活之中。

③知其不可行，另寻它法

第二条定律是针对成功行为的，而第三条定律则要我们对失败（或无效）的行为作些反省，并以其不可行而弃之，切莫再试；与此同时，还要弃旧立新，即另外发现新的行为和方法来试行。因为生活本身不是简单的重复，而是在互动中发生变化，要注意按照新的情景实行新的做法。此外，也不要追究以往失败的原因，因为原因是复杂的，因不同的视角可以做出不同的解释，不如思考如何寻找新的解决问题的办法。

除了以上三大定律之外，SFBT 治疗的工作原则还包括：强调当事人的心理健康和非病态化这一正常和积极的一面；善于运用当事人本身的资源与优势；妥善运用非理论、非常规的观点来评定当事人行为的对错；惟简是尚，即提倡以最经济、最简单的方法解决问题；认为变化是不可避免的，治疗只不过是捕捉瞬间的变化，然后加以善用与扩大；专注于现在和放眼于未来的取向（即协助当事人善用过往经验，以为现在与将来之用）；以及工作者与当事人的真心诚意的、平等的合作关系的建立，以将当事人对改变的抗拒减至最低。

（3）焦点解决咨询的基本流程与基本技巧

①在咨询的基本流程方面，SFBT 可分为几个基本的阶段。

a. 问题描述阶段。这一阶段是透过询问来访者的求助动机，提供来访者描述问题的机会。治疗师需要询问一些问题的性质与事件的细节，但不追究问题的成因。在倾听个案诉说的同时，计划着如何使晤谈的对话往解决问题的方向前进。

b. 发展出设定良好的目标。咨询师在尊重、关怀的态度下，引导来访者进入咨询访谈，澄清他想要的目标，并建立工作目标。了解与扩展来访者的目标，常用奇迹式问句。

c. 探索例外。此阶段集中寻找与深入探究当事人生活的各种例外经验，并且追溯当事人是怎样做到让这些例外经验发生的。由于当事人往往不易看到例外的存在，治疗师需要采用例外询问的谈话技巧，去发现当事人偶发的例外行为，使当事人能有意识地再度使这些例外发生。

d. 会谈结束前的回馈。咨询师回顾和整理当事人所提到的有效解决的途径，然后给以正向回馈。咨询结束时，除了当事人的问题得到解决外，咨询师可从当事人身上观察到下列特征：当事人的谈话多专注于解决方案，而非问题的诉说；从当事人的衣着打扮、姿态及谈吐中显现了其自信心的增强；当事人对治疗过程更负责任感；当事人比较独立，而不再依赖工作者；当事人因问题已解决而会主动提出结束。

e. 评量当事人的进步。

②焦点解决短期咨询的主要技巧。

为了引导当事人以解决问题为导向，SFBT 发展了一系列的询问方法，称之为“六组有用的问句”，这也是该模式的主要咨询技巧。每组问句都着意引发当事人解决问题的潜能，并使其能运用自己既有的潜能、经验等以解决当前的问题。

a. 询问例外情景。是指让当事人留意及勾画出问题不出现或严重程度稍减的时刻，并找出引发例外情境的行为，予以复制，从而加以鼓励，以使问题得以解决，即问题呈现的时间减至最少，或到了可以容忍的地步。

来访者：我总是没有精神，常常想睡。但是每晚上床后又是辗转反侧地不能入睡。

咨询师：那么，在过去的一个星期，你有没有容易入睡的一天？

来访者：有。星期五、星期六，我通常睡得较好，但一到星期日又是辗转反侧的了。

咨询师：星期五、星期六有什么不同？

来访者：（脱口而出）不用实习。

咨询师：不用实习。那你会做些什么？

来访者：我可以返回学校，同一帮同学吃饭，谈谈实习的苦乐。有时会一同看电影，晚上很晚回来，不用做教案、备课，倒头就睡。（停，有点忧虑地）但一到星期日就不同了，虽不用上课，但星期一、星期二多数要交教案记录，有时做到十一二点也无法完工。

咨询师：似乎你的失眠与实习很有关系。

来访者：当然啦，想到实习都头痛。

咨询师：有没有试过实习时都开心轻松一点的？

来访者：也有的，星期三会好一点。星期三教历史，秦汉史我比较熟悉一点。

咨询师：比较熟悉的课你教起来轻松一些？

来访者：是呀！备课时间也少一些。

咨询师：如果其他科目也熟些，你会再轻松一些吗？

来访者：会。

咨询师：你试过怎样备课会容易一些？

来访者：做一些提示卡会好一点，呀，还有，先做一个大纲，然后做些提示卡。

咨询师：大纲及提示卡……如果你以后备课都用这种方法，会逐步轻松起来吗？

来访者：会。

咨询师：如你实习能够轻松一些，对你的睡眠会帮助吗？

来访者：当然有。许多时候失眠都是记挂着实习的表现。

b. 奇迹询问。这是从艾力逊的催眠治疗发展而来的，即以假设性询问，引领当事人至将来问题解决后自己的行为表现及当时情景的描述，这样可增强当事人解决困难的信心，也可以提供更多的资料，知道将来期望改变的目标。可以使用水晶球式的问句："如果在你面前有一个水晶球，可以看到你的未来，你想象可能会看到什么？"也可以像下面这位咨询师这样提问。

来访者：你刚毕业，你就不懂了。以前陈老师就不同了，她对我的情境十分了解，肯定能帮我。

咨询师：你担心我经验不足，不能帮你。而陈老师最了解你，最能帮到你。（稍停）当陈老师帮了你，你所有的问题完全解决之后，你会有何不同？你会做些什么？

c. 刻度询问。这是以简单的数字为基础，落实当事人对其问题的看法，也可用来量度当事人求变动机、信心和合作的意愿等。这种技巧是把抽象的问题变得可以把握，发现一些微观转变的具体行为，由此明白当事人的所谓问题为何，其目标是何所指。

来访者：是，如果不是为了面子，我早就离婚了。

咨询师：如果由一至十，十代表你无论如何一定要离婚。一代表你愿意留在婚姻关系之内，你有多大决心离婚？

来访者：（想了想），七。

咨询师：七？

来访者：是，我很难容忍了。

咨询师：如果你爸妈知道你想离婚，他们会有什么反应？

来访者：他们会很伤心，尤其是妈妈，她总说万事要多忍让。我实在忍不下去了。

咨询师：如你爸妈很伤心，再由一至十来说，你有多大决心离婚？

来访者：还是七。

d. 应付询问。应付询问的主要目标是找出当事人面对困难时的应付方法，即当当事人对自己的前途失去信心，感到极大的挫折时，工作者应相信当事人之所以仍能努力坚持至今，总是有其应付问题的办法，或至少能防止问题继续恶化。借此让当事人察觉到自己并非想象中的那么无能、无助，而是时刻与苦难搏斗并且应付得十分妥当的人，这种应付询问也十分适用于危机情况的处理。

咨询师：你说你不止一次地发脾气，每次都拿女儿开刀。但是每次你都能制止自己，不酿成大错。你是怎么应付自己的情绪的？

来访者：有时我丈夫在场，他喝止我。其实他因此误了工，多留些时间在家来陪我，以免我出错。

咨询师：你丈夫能帮你，那么，当你丈夫不在的时候呢？你是怎么控制自己的？

来访者：有时在大发脾气前我都知道，于是自己一个人去上街。有时发脾气时，望一下女儿，想到那不是她的错，就抱着她一起哭，哭过了就没事。

咨询师：还有呢？还有什么方法你可以控制自己？

e. “还有呢”的询问。多问一两句“还有呢”，可以帮助当事人穷尽其过往的成功例子及例外的情况，这不但可以扩展当事人的视野，也对其寻找适合的解决方案有帮助。通常，寻找适合的解决方案的一个做法是，请当事人尽量详细描述其转变，如例外情景、奇迹的出现、应付办法等。而请当事人尽量详细描述其转变的一个简单的做法是问些有关“何”的问题，即何时（When）、何地（Where）、何人（Who）、做了些什么（What）、结果如何（How）等。

f. 关系询问。即以一个整体、系统的观点去看待当事人，知道当事人是社交系统的一员，如此，制定介入的目标与解决方案决不能仅仅从当事人一人着手，而必须顾及系统中其他人士。而关系问句的应用，可使我们留意当事人身旁的其他人，并把当事人重新放回其人际关系网络中，重新规定其行为的效应。

（4）对现代生活的启示

①所有人都有优点，发现优点就能保持心理健康。每个人都是独特的，都有自己不同于他人的优势和资源，发现优点，扩大优点，不仅有利于自信的建立，更有利于自己有意识地开发自身资源和潜能，就能在面对问题时，获得有效的解决方法，保持心理健康。

②立足于此时此地，着眼于确实影响自己生活的心理问题的解决，从现在和未来的角度维护心理健康，而不要过多纠缠于原因和过去的经历。

五、发现真实自我

——深度关怀心灵

我们每个人都有了解自己问题的能力，而且我们自己拥有解决这些问题的资源。我们每个人都积极向上，希望求得精神成长和自身完善。咨询的精髓在于为人提供一种温暖的、无所顾忌地自由表达和宣泄的机会，以帮助人们体验和发现真实自我，实现人格成长。

13. 温暖的心灵探索之旅：罗杰斯的来访者中心疗法

每个人存在于以他自己为中心的不断改变的体验世界中。

——罗杰斯

格洛利亚刚刚离婚，有一个9岁的女儿，她十分担心自己的性生活会对女儿产生不良影响。她有自己的性需要，又怕影响孩子，不知道如何解决其间的冲突，因此希望能得到一些建议。罗杰斯和她谈了半个小时，使她澄清了自己的思想和感受。在面谈开始时，罗杰斯首先说："早上好！"并解释说虽然只有半个小时的谈话时间但希望他们的谈话有些结果。以下是咨询谈话概要：

格洛利亚：离婚后，女儿问我，我与她父亲分手以后是否和别的男人上过床。我说没有，我对她撒了谎。我心里很内疚，因为我从来不撒谎。我想让我女儿相信我。我想让你告诉我，如果我跟她说了真话，是不是对她有不好的影响？

罗杰斯：你是在担心自己和女儿之间的坦诚关系会出现危机。

格洛利亚：是，主要是担心女儿不再相信我。等她再长大一些，如果发现我在干那种事，她会怎么想呢？她一定认为我是一个坏人。

罗杰斯：我明白了。你是在担心，如果她真的了解你会不会接受你？能不能接受你？

格洛利亚：是，有时我都不能接受自己。

罗杰斯：你确实有自己的情感，有自己的欲望可是你觉得困惑，认为自己这样不好。

格洛利亚：不论是对女儿撒谎，还是跟男人上床，都让我感觉到非常内疚……我想让你帮我摆脱掉那种内疚的感觉。

罗杰斯：从我内心来说，我不想看着你深陷在情感困惑中。但从另一方面讲，我觉得这是你必须面对的问题，我不可能替你回答。但我会尽力帮助你，我相信你自己会找到解决问题的答案。我不知道我这么说你是不是理解，但我说的是实话。

格洛利亚：我理解，你也确实是那么做的。我有时感觉自己摆脱了内疚的感觉，有时内疚感又不停地涌现出来。……当我和我爱的男人上床时可能不那么内疚，但有时只是为了满足生理需要时就感觉像犯罪。我因此不想面对自己的孩子，不想看到自己这个样子。有时又忍不住埋怨自己的孩子，孩子们为什么总妨碍我做自己想做的事情呢？

罗杰斯：有时，你有那种欲望，所以你埋怨他们，就是说，为什么因为他们你就不能过正常的性生活呢？

格洛利亚：实际上，我内心有一种感觉，如果仅仅因为生理原因和男人做爱，是不健康的。我要是能控制自己就好了，我控制不住自己，就去做了很多错事，之后又感到愧疚。你认为，对于我来说，是不是坦白和诚实更重要，如果诚实更重要，我就应该对女儿说……

罗杰斯：我想，你回避了一点。在我看来，你真正不能完全以诚相待的人是自己。你刚才说："无论是和男人上床还是别的，如果我觉得我做得对。如果我真有这种感觉，我和女儿说话就不会有任何顾虑，也不会担心影响我们的关系。"这句话给我印象很深。

格洛利亚：我想冒险向女儿坦白一切，如果她真的知道我这么坏以后还仍然爱我和接受我，也许能帮助我更加接受我自己，也许事情并不真的那么糟糕。女儿也能够把我当作一个完整的女性来看，既是和蔼可亲的母亲，也是渴望男欢女爱的女人。

罗杰斯：听起来，你知道自己该怎么做。这也是巩固你们母女关系的一个机会，是你让她了解那个"真实的你"的机会。

摘编于［美］Barry A. Farber等主编：《罗杰斯心理治疗》，郑钢等译，中国轻工业出版社，2006。

卡尔·罗杰斯（Carl Rogers，1902～1987年）是20世纪最卓越、最有影响的心理学家之一。他认为，人是理性的，能够自立，有能力发现自己心理上的适应不良，又可以改变自己来寻求心理健康。在卡尔·罗杰斯创立的来访者中心疗法中，咨询师的任务主要是以接纳和亲切的态度，使当事人在一个被完全接纳的环境中进行自由表达，进行自我探索，从而在咨询员的澄清和整理下实现成长，成为一个健康的人。

(1) 罗杰斯关于健康人格的理解

一个积极健康的人格究竟是什么样的呢？罗杰斯认为，这样的人应该是一个机能完善的人（自我完善的人，充分发挥作用的人）：有能力体验自己的全部情感，对自己的任何一种情感都不那么害怕；是自身证据的鉴别者，并对一切来源所提供的证据都更为开放；坚持要成为自己，并因而发现自身健全而又现实的社会性；能更全面地体验生活，懂得什么是最健全的生活。这样的人正在变成一个更充分发挥作用的机体，而由于对自己的意识随着经验自由地川流不息，他正在变成一个更充分发挥作用的人。具体来说，主要包括：

a. 对任何经验的开放。不需要防卫机制，能准确地领悟周围的事物、有基本的安全感而不需要着重保护自己，因此能开放地接受新的经历与挑战。

b. 自我与经验相协调。忠于和尊重自己，所作的决定都是依据自己真正的意愿而定的，能勇于承担自己的决定与行为的后果。

c. 利用自身的机体评价过程。以自己的实现倾向作为评价经验的参考系，而对强加于自身有价值的条件不予理睬。

d. 无条件的自我关怀。随时随地都对自己的经验和行为给予积极肯定，能珍惜和享受人生，充分把握人生的每一刻。尽量使人生富有意义，是一个灵活、自然、宽容与适应力强的人。

e. 与他人和睦相处。乐意给他人以无条件的正向关怀，为他人所欢迎。

(2) 如何帮助来访者成为健康的人

在来访者中心疗法的理论中，“自我概念”的观点具有重要地位。在罗杰斯看来，一个人的自我概念是透过其与环境，尤其是生活中的重要人物相互作用而形成的。在这种相互作用的过程中，环境主要是通过“有价值的条件”影响人的自我概念的。罗杰斯认为这与儿时能否得到积极的关注有关。关怀、爱抚、同情、认可、尊重、喜爱一类的态度会使儿童感到温暖和满足，儿童天真和真实的自我就能得到表现，健康的自我概念容易形成。但父母的关注往往是有条件的：儿童的行为只有符合父母的价值观念，才会得到肯定，否则就会受到批评、斥责，甚至惩罚。罗杰斯把这种条件称为有价值的条件。有价值的条件的反复出现，儿童就会将它内化为自我结构中的一部分，成为指导儿童行为的准则。但此时问题就会发生：儿童迫于有价值的条件，往往会优先迎合父母或他人的评价，而拒绝对自身经验(如愿望和体验)的评价，于是和真实的自我渐渐疏远，自我的不协调状态便会出现。严重时甚至会不能肯定或了解自己究竟是怎样的一个人，自己的理想与能力到底如何。

罗杰斯因此指出，无条件关注的温暖能够帮助当事人成长。他说：“治疗的成功主要并非依赖咨询师技巧的高低，而依赖于是否具有某种态度”。1958 年，他在《治疗性人格改变的充分必要条件》一文中，提出咨询师应以真诚，无条件积极关注和共情的态度对待来访者。

①真诚。心理咨询的真诚就是在咨询接触中，咨询员应该以“真正的我”出现，不要有防卫式的伪装，不会将自己隐

藏在专业角色的后面，同时更不会像一个技师般在完成例行工作；相反地，他会很开放，很自由而又个人地投入在整个关系中。真诚即咨询员该以一个真正的个人出现在关系中。这就是说，他在咨询关系中，表现得开放、诚实。他不是一面镜子，不是一块共鸣板，也不是一幅空白的银幕，而且他不戴假面具，也不伪装，他不是扮演角色，而是表里一致，真实可靠地以真实的自己，投入一个真正的关系当中。①在咨询过程中要言语和行动前后一致，内心所想的和所表现的行为协调一致。如罗杰斯在咨询中在言语和行动中都坚持非指导性原则，在来访者反复要求给予建议时，依然坚持鼓励来访者自我探索。②要承认自己的限制，世界上绝对不可能有全知的人，而身为咨询员，更必须接纳自己的限制，一定要承认自己有时会犯错误，才能够容忍当事人犯错，才能接纳对方的不完全。③强调真诚并不是什么都可以随意说出来，咨询过程中需要的是具有治疗功能的真诚，破坏性的真诚是百害无一利的。总之，真诚是成功咨询的关键因素，但真诚是不能强求的，是咨询过程中自发的一种自在表现。这种真诚有时需要咨询师适当分享自己的情感，不过这并不是指咨询师应该强迫性地分享自己所有的情感，自我表露也应恰到好处，应顺势进行自我袒露；也并非意味着要咨询师不断地向当事人谈论自己的感觉，而应与当事人一起探索那些阻碍当事人充分表达的病结所在。如果咨询员根本不喜欢也不赞同当事人，却又假装接受他们，那么治疗的效果将大打折扣。

②共情性理解。共情性的理解是指咨询师能感受当事人的感觉，就宛如是自己的感觉一样，但是却不迷失在这些感觉中。通过在当事人所经验的世界里审视，咨询师不只是对当事人已经知道的部分表示了解，同时对当事人模糊察觉到的体

验，也能说出其所代表的含义。不只认识当事人明显的感觉，还能感受到不明显、不清晰的感觉。共情性的理解不仅仅是反映感觉或反映当事人所表达的内容，也不是单纯的客观知识（我了解你的问题是什么?）它是一种针对当事人本身以及与当事人一起做深入的与主观的了解，是一种与当事人共同享有的个人认同感。通过调整与当事人类似的感觉，咨询师可以分享当事人的主观世界，但也须不失其独立性。罗杰斯相信，当咨询师能掌握当事人个人世界里的真实经验，就如当事人所感受到的一样，而仍不失其自我认同的独立感时，就会使当事人产生建设性的改变。

③无条件积极关注

当咨询师怀着积极又毫无判断的心态，对当事人表示全面的接纳，那么，当事人所有的感受，诸如混乱、反感、恐惧、愤怒、勇敢、热爱、自傲等都会涌上心头。接纳不是一种“我会接纳你，当……”的态度，而是“我会接纳你，因为你是你”。咨询师利用行动告诉当事人，他们重视当事人是因为他或她就是这样的一个人，他可以自由地表达感觉与经验，而不会失去咨询师的接纳。罗杰斯认为，咨询师越能表达关怀、赞美与接纳，以及越能以一种非占有的方式来看待当事人，治疗成功的机会也就越大。他也清楚地指出，要咨询师一直以坦诚来表现接纳和无条件的关怀，是不可能的事。

（3）对现代生活的启示

与精神分析中以分析师对当事人分析为主导不同，来访者中心疗法强调当事人对自己内心体验的探讨；与行为主义注重教育和控制性干预不同，来访者中心疗法强调当事人自身改变的主动性和自觉性，相信人能够自我改变。

①心理问题可以自我治愈。来访者中心疗法认为，当事人有能力发现自己的问题，并有潜在的个人资源解决自己的问题。而咨询师在咨询中的角色是朋友和伙伴，营造一种能够使当事人不感到威胁和限制的气氛，从而帮助当事人自由感受情感、探索自我。所以，只要我们在日常生活中经常保持对自身经验的开放和探索，以一种勇敢、平和的心态对自己内心的感受进行梳理，把握自己、倾听自己、了解自己，就一定可以从心理问题中恢复，保持心理健康。

②亲密关系对心理健康具有重要作用。来访者中心疗法的咨询理论强调良好的咨询关系，强调咨询关系对于当事人安全感的重要性，作为一种温暖的力量，当事人发现自己可以在这种关系中充分地、全面地体验情感：他的恐惧、他的愤怒、他的温柔或他的力量。当他经历着这些大不相同的情感时，体验着这些情感的不同强度时，他发现他已体验到他自己，他的行为正以符合于他刚刚体验到的自我建设性的方式改变着。所以，一种完全接纳的亲密关系可以帮助人们维护心理健康，人们在遇到心理问题时也可以寻求亲密关系的帮助。

③以人为中心，重视人的主观世界。在罗杰斯看来，与其说个人生活在一个客观环境里，不如说他生活在自己所能够感受到的主观经验世界之中。这一主观世界是一个整体的世界，他从何而来，要往何处去，为什么痛苦悲伤，只有通过他的主观世界才能了解。所以，不强调对当事人自身心理问题的诊断和评估，认为这可能导致“见病不见人”，影响当事人心理问题的解决。这也就提醒现实生活中的人们不要盲目给自己的心理问题下诊断，而要努力探讨自身内心感受，实现成长。

14.追寻生命的意义：弗兰克尔的意义疗法

生命意义是独特而具体的，必须而且能够由个人独自实现，只有这样，生命意义才有价值，才能满足本人的意义意志。

——维克多·弗兰克尔

弗兰克尔被纳粹带走后，立即被押上了火车，与1500名犹太人前往集中营。车厢里拥挤不堪，只有从车窗的顶部才能透进一缕晨光，当时人们往好处着想，认为也许火车要开往某一个军工厂，或去某个做苦役的地方，当火车转上岔道，要进大站时，人群中忽然传来一声惊叫："瞧，那儿有一个站，奥斯维辛。"霎时间每颗心都几乎停止了跳动，弗兰克尔想到了毒气室、焚尸炉、大屠杀。他仿佛看到一具具绞架上悬挂着的摇晃的尸体，不禁不寒而栗。

……

下了火车，行李留在了车上，人们按男女分列两队，然后列队往前走，弗兰克尔这一队人走到了一个神态轻松的党卫军军官面前，他从容不迫地用食指一会指向左，一会指向右，但更多的人被指向了左，后来弗兰克尔才知道，指向左的人将直接被送入毒气室。该轮到弗兰克尔了，有人告诉他，被指向右的人是留下来干活的人，被指向左的人将被送到一个特别集中营，弗兰克尔的左肩被背包压得有些歪斜，但他仍尽力挺直，走到军官前，军官上下打量着弗兰克尔，似乎犹豫不决，忽然他用双手按住弗兰克尔的肩膀，弗兰克尔努力显得轻松的样子，军官慢慢地转动着弗兰克尔的身子，直到他的脸朝右，于是弗兰克尔站到了右边。这是第一次生与死的抉择。

刚进集中营那会儿，人们还不太习惯，总觉得自己比想象的更具有自由，但不久就感觉到了生命权利的被剥夺。弗兰克尔试着把一位老囚犯当做知心朋友，偷偷来到他身边，指一指装在上衣兜里的一大摞卷纸说："这是一部学术著作的手稿，按理说，能活着就该感谢上帝了，不该对命运再存非分之想，但我没办法，无论如何，我也得保存住这份手稿，这是我一生的心血，你能理解吗？"老囚犯开始明白了，他慢慢地咧开嘴，笑了起来，像是取乐，又像是怜悯，最后大吼了一声作为回答："胡说！"弗兰克尔终于知道真相，在此你要一笔勾销以往生活的一切，忘记你的生命的存在。（后来，这份手稿被没收了，而重写这一手稿的强烈愿望帮助弗兰克尔在集中营的残酷环境中生存下来。）

……

（终于等到了重获自由的时刻）

弗兰克尔同活下来的囚犯拖着疲惫不堪的脚步，来到集中营的大门口，怯怯地望着四周，彼此交换着疑惑的目光，最后试探性地向大门外走去。他们不断地重复"自由"这两个字，自由的现实不断地渗入他们的意识中，但他们却觉得无法领会自由属于他们这一事实。傍晚，当他们重新聚在监房时，一位囚犯悄悄地问他的伙伴："你今天高兴吗？"被问的人面露难色地回答："说真的，并不觉得高兴！"弗兰克尔认为他的观点代表了在场所有人的观点。长期的囚徒生涯，已经使人丧失了高兴的能力，这需要慢慢地重新学习。

精神的禁锢长久了，人们难免发自内心地与自由疏远，不易感受重获自由时的幸福，人们不会立即就有能力享受精神的快乐，要适应一段时间，这就好像被捆绑时间长了的人在被松绑之后，不会自由运动身体一样。而在身体方面则没有这一现象，刚一出集中营，囚犯们就一连几天大量地进食，食量惊人。吃饱之后，他们就一连几个小时地同别人谈天，仿佛他们有千言万语哽在心头，不得不一吐为快，随着这种发泄，他们在精神上才能适应现实，受伤的心灵才开始恢复。

摘自刘翔平．寻找生命的意义：弗兰克尔的意义治疗学说［M］．武汉：湖北教育出版社，1999。

对于人生的绝大多数时光而言，生命是平淡的，这种平淡往往掩盖了生命意义的真实显现，对于一个过于一帆风顺的人而言，只有当他面临死亡时，才会从内心深处真正领悟生命对自己的意义，可这一切却为时已晚。所以，启迪人的经验或令人发现生命的意义的时机常常是在生命受到威胁之时，或者是在经历极不平常的事件之时。

维克多·弗兰克尔（Viktor E. Frankl，1905～），维也纳著名精神病学家和心理学家。把自己亲身经历——在纳粹集中营中的生活当作一个生命意义治疗的特殊案例，创造了存在主义取向的意义疗法。这种治疗方法认为来访者产生心理问题的重要原因在于生存意义的缺失，一方面由于失去或找不到生活目标和生存意义，陷入空虚、迷茫、焦虑的困境；另一方面由于放弃了自己自由选择的权利，而把这一权利交给了社会和他人，从而丧失了个性，被动机械地、毫无生气地顺从他人的要求，产生各种孤独、恐惧、绝望和痛苦的病态情绪。治疗的根本目的在于帮助来访者发现和寻找人生的价值以及生存意义，彻底摆脱困境。

（1）人对生命意义的追求

意义意志是意义疗法的核心观念，弗兰克尔认为，人们有追求意义的基本需要和倾向。人的本性是追求人生的意义的，任何不拷问人生意义的生活都不是人的真正生活。可以肯定地说，人对于意义的寻求可能引起内在的紧张而非内在的平衡。然而，这些紧张是精神健康不可缺少的前提条件。我敢说，世界上没有任何东西比生命中存在着意义更能帮助人在最恶劣的环境下生存下来。正如尼采所言："知道为什么而活着的人几乎能承受任何怎样活着的问题。"关于这一点，弗兰克尔给我们讲述了博比的故事。

有一位叫博比的很有才华的杂志主编突然得了一种奇怪的病，经过20多天的休克和几周的半昏迷状态后，他的大脑受到了严重的损伤，全身上下除了左眼皮能动外，其他能动的部位全都瘫痪了，他必须借助导管才能吃饭，借助呼吸器才能呼吸，经过医生抢救，他总算没有成为一个植物人。医生诊断他为罕见的"闭锁症候群"病，由于病症极其特殊，医学对它几乎是无能为力的。

博比也曾陷入深深的痛苦中，但他很快控制了情绪，他决定写书，把自己的经历、自己对“闭锁症候群”的感受都记录下来，也许有一天对后人有一定的好处。

写作过程十分艰难，秘书小姐先把法语字母按照使用频率的多少排出一个次序，将它们编成一个对博比写作较有益的特殊的字母表，然后，她按照26个字母的顺序一个一个地念字母表，博比听到他所需要的字母时，就眨一下左眼皮；如果不要，就眨两下左眼皮；眼皮闭上的时间较长，则表示句号，眼皮闭上的时间较短则表示逗号。博比的眼皮成了一个表情极其丰富的写作工具。

140页书稿终于写完了，他把自己的经过几个月的艰苦努力的书取名为《潜水衣与蝴蝶》，这一名字有其特殊的含义：两相对比，虽然生活中的不幸遭遇像潜水衣的硬壳一样压得自己几乎喘不过气来，但自己并没有放弃理想和愿望，他的心就像一只轻盈的蝴蝶一样在自由地翱翔。

博比的故事再一次地说明了人类完全具有精神上的自由，即便在几乎无能为力的状态下，人也能通过自己的选择，战胜环境给人的限制，实现自己的理想和心愿。

人的意义意志也会遭受挫折，意义治疗把它称为生存挫折。生存挫折可以导致神经机能病。意义治疗把这种神经机能病起名为“精神神经症”，以区别于传统的心因性的神经症。精神神经症的病因不存在于人的心理方面，而在于精神方面，表示在人性的方面出现了问题，即灵魂出现了问题。

（2）如何实现生命的意义？

对于因为遭受生存挫折的人而言，意义疗法的任务是帮助他们发现生命的意义。弗兰克尔认为，快乐并非生命的意义，怀疑主义与虚无主义也是不可取的。体验一种存在，确认对某项任务的责任具有巨大的价值，人们不应总去追问生命的意义是什么，而应担负起生命中的任务所赋予的责任，在完成这一使命的过程中，生命的意义将逐渐呈现。在意义治疗中，为了使当事人明白这一点，意识到他每时每刻的责任，常常采取演剧意义疗法，让来访者想象，此刻他正躺在临终的病榻上，回顾着自己的一生，并对假想的一生做出评价。而且，他有能力对“此刻”之后所发生的一切做出修改。

一般而言，我们可以通过三种不同的途径来发现生命的意义，从而恢复心理健康。

①工作与做事。弗兰克尔认为，发现生命的意义应当到现实世界中去，而不是在人自成一个封闭系统的内心世界中寻找。人作为人，活着永远不是为了自己，而是为了某事某人。人必须意识到自己的责任，并借助这种意识超越对个人具体任务的意识，从而达到一种使命，将个人的任务变成一种责任和责无旁贷的使命。工作代表着个体的惟一与社会连接的疆域，个人工作的意义与价值总是与对社会贡献有关的，而不是一种纯粹的职业。在弗兰克尔看来，每个个体都是生存于一系列生活事件链条上的独特存在，每一个具体情景都为我们提供了某种特定的意义使命等待我们去完成。一个人一旦宣布，他认为他目前的生活是无意义的，他不想这样生活，一旦他有一个好

工作来实现自己，如成为一个科学家从事科学研究，或成为一个医生或护士，他就能发现生活的意义，我们就有必要向他指明，工作本身是不能具有意义的，关键在于他是如何从事这项工作，或说他对工作采取了何种态度。正是积极的、创造性的、有责任感的态度赋予工作以意义。工作作为发现生命意义的重要途径，还可以从“失业神经症”中体现。由于失去了工作，有人会感到无用与失落，并且病态地将失业作为一切问题的根源，推卸自己的责任。

②爱与被爱。一个人也许不能从工作中找到自己的意义，但他可能在私人生活中，比如在爱与被爱中，如在作为一个妻子和一个母亲的过程中，找到自己的意义，体现自己的惟一性和独特性。在爱情中，被爱的人的惟一性和单一性得到了理解，他被当是你的一部分。在爱他的人看来，被爱的人不必做任何事情，就会是不可替代的、不可弥补的。爱使被爱者的惟一性和单一性得以实现和发现，使被爱者的人格价值得以体现；爱甚至还可以发现被爱者身上尚未发挥，然而应当发挥的潜力。而且，人凭借爱的力量，出于深深的责任感或义务，可使所爱的人能够发挥这些潜力。

弗兰克尔说，在集中营时，他之所以没有选择自杀，是出于想到自己的母亲还活着的责任，想到了这样做对不起自己母亲。他们俩人之间的爱超过了世上所有的一切。因此，出于这种爱，他的生命是有意义的。但他不得不在每一天、每一时刻都要面对死亡。在他看来，死亡也是有意义的。因此，他与天国签订了一个契约：如果我命中注定该死，那么就让我的死来换取母亲的活。我愿用我目前忍受的一切痛苦换取她的幸福和安全。

③经受苦难。当我们面对绝望的情境时，当我们面对无法改变的命运时，我们能发现生命的意义。因为那时可以最大程度地证明人的独一无二的潜力。它将把一个人的悲剧变成一场极大的成功，把一个人的困境变成一种人类的成就。想象一下不能治愈的疾病，如不能手术的癌症，我们将会面对改变自己的挑战。

有一位年老的医生因严重抑郁向我咨询。他一直因两年前失去他所挚爱的妻子而痛苦。现在，我能够怎样帮助他呢？我应该告诉他什么呢？我没有告诉他什么，而是向他提出了问题："大夫，如果你先死了，而你的妻子还活着，将会发生什么呢？""噢"，他回答道："对她来说，这将是一个非常糟糕的事情；她将遭受多大的痛苦啊！"

对此，我做出回答："大夫，您看，她免受了这场痛苦。当然，付出的代价，正是您使她免受了这场痛苦，是您现在必须活下去并怀念她。"他一言不发，握了握我的手，平静地离开了我的办公室。从某种意义上讲，当发现一种受难的意义，如牺牲的意义时，受难就不再是受难了。

当然，这并不是一般意义上的治疗，因为第一，他的绝望不是疾病；第二，我不能改变他的命运，我不能使他的妻子复活。但在那一时刻，我确实成功地改变了他对不可改变的命运的态度，因为从那时开始，他至少可以发现受难的意义，这是意义疗法的基本内容之一。

（3）意义疗法的独特技术

意义疗法的具体治疗技术，主要有矛盾意向和去反思技术。

①“矛盾意向”技术。所谓矛盾意向的方法是指，当病人为某一顽固的想法所纠缠时，或为某一症状所困扰时，他要做的不是与症状或该想法作斗争，而是相反，利用与之相反的想法或行为，来消除这一症状。

一位年轻的内科医生由于害怕流汗而向心理医生咨询。每当他估计将要流汗时，这一预期性的焦虑足以使他流汗。为了切断这一恶性循环，心理医生建议当事人，当流汗将再次发生时，自己就决定故意向人们展示他将出多少汗。一周之后内科医生汇报，当遇到有人引发他的预期性焦虑时，他就对自己说：“我以前只流一夸脱的汗，但是现在我至少将流四夸脱！”结果是，在忍受了四年的恐惧之苦后，仅经过一次咨询，他就在一周之内完全摆脱了这种痛苦。

该疗法基于两个事实。一是恐惧带来他所害怕的；二是过度的注意使他所希望的成为不可能。比如，一个赤面恐惧症当事人非常害怕自己一走进某房间就会面红耳赤，结果一到众人面前，他果真面红耳赤了。在预期性焦虑症中，引起心理反应的症状的焦虑会加剧或导致症状的产生。而症状的出现又会进一步强化预期性焦虑，从而形成一个恶性循环。在这一恶性循环中，病人被封闭起来，他宛若作茧自缚，不能自拔。

矛盾意向治疗技术试图引导病人，使他哪怕只是在瞬间去追求那种正是他所担心害怕不想发生的东西，即相反地去期望并着手某事。这能够使病人通过对病症的嘲笑发展出一种自我超越的感觉，进而恢复健康。正如著名人格心理学家奥尔波特所说："学会嘲笑自己的神经症病人可能走上了自我管理之路，也许已经走上了治愈之路。"

②去反思技术

弗兰克尔注意到，病人对某些病理性事件的担忧与恐惧，反过来加剧了这些事件的可怕性。如失眠当事人常常报告说，他们在上床睡觉时，尤其会注意自己能不能睡着的问题，这种注意恰恰抑制了入睡过程，从而使他们保持清醒。为了减弱恐惧的预期作用力，我们可以建议当事人，不要强迫自己入睡，他的身体将会自动获得必要的睡眠量。当我们不能人睡时，实际上是对不能入睡的预期性焦虑导致一种强迫入睡的过度意向，如果当事人能够用保持清醒的相反意向去代替它，睡眠很快就会随之而来。可以要求失眠者尽量去睁开眼睛；也可以让他们每间隔一刻钟去敲击一次钟表。根据报告，在不多的几次间隔后，失眠者就屈服于不断加重的疲乏，而安然入眠了。正如著名的德国精神病专家杜比奥斯所说："睡眠是一只停息在手掌上的鸽子，只要你不去注意它，它就一直呆在那儿，而一旦你想去抓住它，它很快就会飞走了。"

(4) 发现生活的意义，快乐充实地生活

①丰富生活目标。在物质主义的现代世界，如果把追求名

利等物质利益作为单一目标而不能满足，容易带来心理危机，人还可能因此变得愤世嫉俗、颓废、贪婪而且自恋，从而引发心理问题。事实上，人生的追求是多维的，不仅有工作升迁、金钱，还有家人和生活，还有社会和人类的发展，如果能在人生不同阶段，从多维的视角发现生活目标，就能不断寻求生命存在的意义，保持良好的精神状态。

②合理安排生活，建构充实的生活方式。按照生活的逻辑合理安排工作与休息。把该做的事分清主次大小和轻重缓急，既注重工作的发展，也兼顾生活的情趣，在休闲、锻炼、工作、人际交往等诸方面实现全方位的、顺其自然的生活。

③发现苦难对于成长的意义。快乐并非生命的全部意义，面对苦难，我们不能选择离开，我们要以积极的心态接受苦难，通过苦难实现成长，当我们忍受并克服客观的困难与主观的烦恼之后，就会发现生命具有更多的意义。

15.守住一颗宁静的心：阿萨鸠里的精神综合疗法

为了使我们的心灵充满光明而不是黑暗，整个灵魂必须从变化万端的世界超脱，直到灵魂的眼睛看见真实和我们称为善的至高的灵光。

——苏格拉底

如果要问现代城市生活与农村自然生活相比，我们失去了什么？大家一定能说出许许多多。工业文明的进程，在给了我们丰富的物质财富、便利的交通通讯的同时，让我们失去了纯净的空气、干净的水、天然的食物……

其实，现代人失去的不仅是纯净的物质，还同时失去了纯净的黑夜，失去了宁静。在农村生活，没有星星月亮的晚上，你睁着眼睛想心事，周围一团漆黑，伸手不见五指。这种时候，你的内心会升腾起一股神秘而无助的情感，你便明白这个世界除了那个冥冥之中万物的主宰就只有你那颗心在跳动。现代人难得有这种体会，一切都好像是明明白白的，在任何时候、任何地方，伸出双手都能看清五指。正是因为这样，现代人才不知道自己究竟是什么，听不见心声，反而迷失了自己。

那种万籁俱寂的境况是难得有了。每时每刻都有嘈杂的声音。有些是你的耳朵能分辨的，有些则是日夜包围你而连你的耳朵也不能分辨的各种声波、电磁波……现代人莫名的焦虑不安不是没有缘由的。

我们需要安静的环境，我们更需要守住一颗宁静的心。

在浮躁和不安的现代世界，我们需要松弛平和的宁静，在空灵与悠远的精神中寻求心灵的平衡，许多方法可以帮助我们达到这种状态，如禅宗的坐悟、气功中的静修等。作为超个人心理学中第一个完整模型，阿萨鸠里（Roberto Assagioli，1888~1974 年），意大利著名精神病学家年的精神综合疗法给我们提供了一种专业的心理学入静的方法。

(1) 超越性层面是人格完善发展的重要方面

阿萨鸠里希望建立一种能够更为完整地理解人性的人格模型，这种模型不仅包括本能、驱力、情结等为精神分析所关注的“深层无意识”内容，还应包括“真我”、“超级意识能量”等“高层无意识”内容，认为精神自我及高层潜意识，即人性中的超越性层面，如创造性的想象力、直觉、抱负等同样重要，也应得到科学的研究。

在阿萨鸠里看来，丰富的生活意义和明确的生活目标是人们在世生存并获得幸福生活的根基，总的来说，可把生活中各种各样的意义追寻归结为两大类：一种以个人存在为关注的焦点；另一种以我们所生活的整个世界为关注的焦点。对于前者而言，在完成某种特定意义追寻的过程后，个人会形成完整的人格自我形象。随着与较之自我意义更广阔的意义世界的接触交流，我们会遇到诸如善与恶的是非标准、个人的本性为何等问题，这就要求人格发展突破自我的限制而进入更高的超越性（或称精神性）层面。

阿萨鸠里提出了次级人格的概念，认为一个人的人格往往由多种次级人格构成。例如弗洛伊德将人格描绘成一个由本我、自我和超我构成的相互冲突的战场。霍妮（Karen Horney，1885～1952 年）则认为自我包括理想的自我、现实的自我与真实的自我。多重角色、多重人格力量的冲突是普遍的人生经验。但次级人格之间的冲突超过了一定限度，就会导致人格分裂或解体。次级人格之间的整合与和谐互动是健康人格的基础，也是精神综合治疗的目标。

与此相适应，阿萨鸠里将健康的成年人的发展分为两个阶段。第一个阶段，是个人的精神综合，通过人格的意识核心“主我”的发展达到次级人格（人格的组成部分）的整合、控制和平衡。第二个阶段，是精神的精神综合，包括人格的精神核心“真我”的发展，这一精神阶段的发生是作为个人核心的“主我”与作为创造性的精神能量的“超意识”的相互作用的自然结果。超意识是超个人的或超越性的精神能量的源泉，可以通过多种练习和技术而获得这种源泉的滋养，这些练习和技术包括静修、积极想象和音乐等。

（2）形成超越性人格的重要技术

阿萨鸠里认为，我们通常的心灵状态并非最佳状态。事实上，它常常是扭曲的、恍惚的、布满阴云而且在很大程度上失去控制。可以通过训练使其达到澄明之境，并且这种训练能促进超个人潜能的发展。

阿萨鸠里的精神综合治疗主要在三个层面上展开：过去、现在、未来。过去层面针对的对象与精神分析关注的主题相同，主要是深藏于无意识中的一些心理冲突的内容，包括童年的创伤经验及其他有关过去生活的灰暗经历，这些经验反映了亚型人格间的分裂、矛盾状态；现在层面关注的是当事人现实生活中对“主我”体验，通过它个体认识到自己本真的存在，并为超级意识能量实现流动，展现于个人生活世界做好准备；未来层面指向的是当事人潜能的发挥，超越人格个体认同的限制而实现与超级意识能量的交流，体现了人的精神性存在。个人的精神综合主要在过去、现在层面上展开，对各种亚型人格加以协调整合。当事人在咨询师的帮助下，通过不加人为鉴别地观照潜意识中的亚型人格，来探讨、澄清自己的心理结构。而精神的精神综合主要在未来层面上展开，通过它，原有的自我疆界被超越，精神性的“真我”逐渐显现，个体获得一种与全人类和自然界结为一体的统一体验，并在与个人层面结合的基础上，将其体现于日常生活方式中。

为帮助人们实现精神综合，咨询师可以运用大量卓有成效的技术，其中主要包括：心理日志、精神意象、自由绘画、静修等精神成长练习。

①心理日志

这一技术以当事人书写自传开始，并随时记录下个人内心的每一步发展，使当事人一些不甚清晰的、未被解决的问题，渐渐变得清晰，问题的性质及其解决的方案即出路显现于我们面前。这与叙事心理治疗有相似之处，都是在故事的启、承、转、合间渗透出内在的超越精神，促成个体的成长。此外，应用这一技术还可产生宣泄效果，能使当事人以稳妥的方式释放内在的消极情感体验。

心理日志技术可广泛应用于以下领域：在与他人的对话中，写下对人际关系的思考与领悟；在与重大事件的交流中，记录当事人对其生活中有重大意义事件的反应；在内部对话过程中，整理各种思考、直觉体验以及难解的疑问；可将梦的内容加以描述、关联、放大；可记录那些自发地或通过精神意象而获得的感官体验；记录个人的身份认同感，以及通过静修等技术获得的本真存在体验；记录当事人运用意志的体验，包括对自身长处与弱点的评价；关于高峰体验，记录平和、喜悦、爱、浩瀚的海洋情感等高层超级意识体验等。

这一技术应用过程中需要一定的时间进行反思与内省，对于当事人的心理与精神成长很有帮助。它可以经由当事人自行操作，无需咨询师过多干预；但是此技术对于有着强迫症倾向的当事人要慎用，当事人很可能陷入毫无成效的过度写作状态之中，反而助长强迫倾向。

②精神意象

精神意象技术通过对无意识冲突内容的象征化表达，为当事人与广阔的无意识领域进行交流提供了一个平台。通过想象，当事人把自己内心的真实状态以画卷的方式编排成完整的生活故事展现出来。想象的内容可以是某种天然或人工景色，有特定意义的人物如天使或野兽、魔鬼，在咨询师的帮助下，当事人赋予这些形象以表达自身的能力；同时，这种想象活动并不遵循真实世界的构成规则，故事的发展通过那些看似不合逻辑的方式加以展开。在与想象内容的沟通、交流过程中，当事人将体验到个人心理、精神层面上更大的整合感，心灵的冲突将可能被和谐、统一的状态所取代。

精神意象技术在“精神综合”治疗体系中极其重要，并广泛渗透于其他技术之中。从根本上说，它体现了“精神综合”治疗对象征的重视，强调了其在对高层无意识知觉、个人精神性潜能实现中的重要地位。与其他技术相比，此技术在运用上应更加谨慎。特别是要关注当事人的精神状态，对于精神病与边缘人格障碍当事人，应禁用此技术；而在缺乏稳固身份认同感的当事人身上亦应慎用。因为他们最需要的是有序、稳定而整合的人格结构，而现有的人格发展水平还缺乏足够的能力来整合如此之多被唤起的无意识内容，从而很容易迷失发展方向，因为想象的世界往往为他们提供了逃离现实生活的避风港。

③自由绘画

自由绘画技术具有广泛的适用性，并经常可获得意想不到的效果。与精神意象相似，自由绘画为释放受压抑的心理能量提供了一条渠道，通过选择造型、线条、颜色并最终形成图画的过程，当事人可将自身无意识中的真实状态自由表达出来；从而意识自我与无意识内容，有助于个人及其精神层面的贯通。

我们可通过两种方式将其运用于治疗。第一种是强调自发的方法，采用这种方法时的最好态度是“让其自现”，具体做法是让当事人用彩色蜡笔在纸上“玩耍”，允许他的手毫无目的地自由滑动。若情感能通过此种方式充分自由的表达，当事人的消极能量即获释放。第二种方式强调象征化的艺术活动，建议当事人通过绘画的方式，将自己对于精神意象活动中所浮现的某一特定象征的情感体验表达出来。当然，我们决不可将其与艺术创作混为一谈，这些图画并不需要精细的加工、润饰，我们关注的是其所展现的当事人的心理状态。图画的色彩与造型及其所唤起的情感通常会给当事人带来领悟。绘画完成后，治疗双方就需要花费一定的时间讨论、解释绘画作品的内在意义，在这里，当事人的主观理解具有决定性意义。咨询师应避免先入为主的解释，要留下足够的空间和时间让当事人尽量丰富地描述、表达自己的感受。

④精神成长练习

精神综合治疗中的许多练习有助于我们的精神成长。在此，我们做一简要介绍。

例一：我是谁？

找一个安静、不受干扰的地方坐下，在一张白纸的上方写下日期。然后自问：“我是谁？”写下答案。重复回答，尽可能自由、真诚地依次写下答案。注意每次都自问“我是谁？”你将单独去看那些答案。你可能会发现一系列不同的答案。很好。只要你愿意，尽可能继续问答。用5~15分钟完成这一练习。

做完这个练习，你应该更好地理解次级人格这个心理综合的核心概念。以下两个练习将引出更深的有关次级人格的体验，这些体验，你在“我是谁”练习中已有所觉察。

例二：门

a. 舒适坐下，放松，闭眼，做几次深呼吸。想象你面前有一扇大木门，尽可能把它看成真的。注意它的纹理和颜色以及其他细节。门上有一标记，写着次级人格。想象它们都住在门里面。

b. 现在打开门，让某些主要的次级人格出来。只是观察，不要涉入。用意识去觉察。

c. 逐渐集中注意到某些重要和最感兴趣的次级人格上。再从中选择一个最核心最让你感兴趣的。如果是一对，就将两个都选取，以下表述就做相应改变（如把它改写成它们）。

d. 接近这一次级人格，开始去联系它。与它谈话，倾听它对你说什么。看你与它相互谈什么。

e. 问它想要什么，然后问为什么。问它需要什么，为什么。这些问题是不同的，但它们都很重要。注意将回答记在心里。

f. 现在，让你变成那次级人格。认同它，像它那样去体验它。你作为这一次级人格，感受如何？世界对于你意味着什么？你问自己：我想要什么？我想做什么？我需要什么？

g. 回到你自己，看着你面前的次级人格，问自己："如果次级人格全按照它自己的方式出现，如果我永远是那次级人格，我的生活会是什么样？"

h. 换一个角度看那次级人格，仔细考察你喜欢它什么，不喜欢它什么。

i. 设想你与那次级人格一起走到外面，沐浴在阳光里。设想再与它交谈。看能否有所改进，能否与它的关系处得更好些。

j. 现在次级人格有所改变吗？如果它仍在那儿，转向它，再与它交谈。看能否有所改进，能否与它的关系处得更好些。

k. 写下所发生的事，你喜欢它什么？不喜欢它什么？它需要什么？你能与它达成谅解吗？你可能会发现画一张次级人格的小图画是有帮助的。

例三：晚间的回顾

是指在入睡前的静修练习。要求回顾一天的生活，但逆时间方向，从刚才发生的事想起，从晚上到下午、中午、上午和早上。尽可能客观、平静、清晰地回忆一天的事。目的不在于重新体验一天的生活，而在于在意识中客观地回顾一天生活的方式和意义。最后，将这一天的一般印象和从中的收获写下来。

例四：整合超个人经验

我们每个人都曾经历过一些特殊的瞬间，仿佛我们自己和周围世界都被提升到一个高度。这是一些不同的体验，包括大自然所引起的美感，如辉煌的落日，灿烂的星空；爱的体验；感受到朋友的苦难；在合作与善意的瞬间感受到与人类的统一等等。这些体验或强烈而令人兴奋，或沉静而令人遐想。它们可能具有深刻的意义和巨大的实践价值。对这类经验，人们往往有不同的描述：如“与某种比我更强大的东西交流”，“令人震撼的快乐”，“完美的爱”，“生命值得一活的强烈感受”，“终极的澄明”，“真切感悟到我是谁”。这类经验常常被描述为超个人的、超意识的经验或高峰经验。

尽管我们意识到这些特殊瞬间的特殊价值，但它们带给我们的很多领悟和灵感常常被丢失了。这种丢失的原因是多方面的，有时是因为我们没有把握住它的意义，更多的时候是因为我们没有认识到这些经验能够被整合到每天的生活之中。

(3) 内在宁静练习：在嘈杂的现代世界守住一颗宁静的心

《瓦尔登湖》的作者梭罗为了寻求生命的意义，带着一把斧子走进森林，在那里生活了将近两年的时间。返璞归真的这种生活方式让他得以远离现代物质文明的侵扰，深深思考生命的本质，智慧的光芒像清晨的阳光一样照耀着他，他思索着，为世人留下了不朽的名著。他说：

“我来到森林，因为我想悠闲地生活，只面对现实生活的本质，并发掘生活意义之所在。我不想当死亡降临的时候，才发现我从未享受过生活的乐趣。我要充分享受人生，吸吮生活的全部滋养。”

如果你不能走进森林，那么，打坐十分钟具有同样的功能，安静地端坐，体味你周围正发生的一切，但却不执著于任何特定的想法。这种内在的宁静，可以暂时悬置不安的情绪、噪动的身体、琐碎无聊的思想，使我们能够倾听，能觉察，能形成一些超个人的或超意识的优美精致的品性和声音。这些品性通常是潜能，我们不能随意地听见或唤醒它们，然而，许多人报告，有目的地培养内在的沉静，引导它们达到更深的协调，就会获得一种目的和方向的增强感，实现精神成长。

①找一个安静的不会被打扰的地方，将笔和纸放在容易拿到的地方。坐舒服，闭上眼睛，慢慢做几次深呼吸，让身体放松。

②想象你在一个阳光灿烂的日子，站在一座山脚下的草地上，你能感觉到温暖的阳光。有一条路引导你通向山顶。当你仰望山顶，看到的是一座寺庙，一座寂静的寺庙。

③沿着山路开始向山顶攀登，这可能需要付出一些努力，但不是很困难。一边往上攀登，一边体验逐步增强的崇高而辽阔之感……随着山顶接近，你开始感到沉静，感到一种来自那寺庙的宁静的能量。

④登上山顶，让你整个身体都充满宁静，你的身体变得放松……慢慢进入那寺庙，让宁静的能量充满内心……寺庙的中心是朝向天空的，当你到达寺庙的中心，你的整个内心都充满宁静，它变得宁静而澄明、敏锐。

⑤在寺庙的中心，一束耀眼的阳光洒下来。走进阳光，让宁静充满你的整个生命。面向太阳，敞开你自己，体验来自上苍的能量。

⑥慢慢地，宁静已经进入你的内部，觉察你的身体……你所在的空间……和你的四周，只要你愿意，你可以睁开眼睛。

⑦写下刚才的经过。特别是一些你希望进一步探讨的问题：就你刚才的体验，最有意义的方面是什么？能否用一个词或词组来表达这种经验的本质？你现在如何理解什么是宁静？如果你生活中有更多的这类体验，那对你的生活将意味着什么？

寺庙宁静的体验对不同的人有不同的差异。对某些人，这种经验是强烈而生动的。对另一些人，开始是微弱的，但随着反复的练习，逐渐有所收获。通常，宁静的意识会导致其他一些超个人经验。这种情况特别有可能发生在进入灿烂的阳光中的时候（第 5 步）。据一个当事人报告：“一切都是那么安静，但不知何故却充满声音。我试图去听是什么声音，但一开始只听到一种平衡的嗡嗡声，渐渐地我发觉这就是整个宇宙的声音，于是我眼里充满热泪，我内心充满欢乐。”有的人体会到一种生动的提升之感，领悟到宁静与其说是声音的消失，不如说是生命意义呈现。对多数人，置身于寺庙会唤起一种和平与沉静之感；而对有些人，沉静会导向敬畏与崇高。还有些人说这种体验是深奥的，它意味着一种新的澄明境界的开始，一种生命的见证，和一种宽广的视野。

六、人不是问题

——建构崭新心灵

世界是人建构的，心理问题也是人建构的。心理问题可以在语言和关系中产生，也可以在语言和关系中获得解决。人是人，问题是问题，人不是问题。穿过偏颇与狭窄的视角，我们会发现丰满、生动、完整的现实生活，也因而能够建构出愉快、轻松的崭新心灵。

16．在心灵的港湾疗伤：家庭心理咨询

家庭式心理咨询不仅是一种方法，它还提供了一个理解人类问题、了解行为、症状的发展，以及解决之道的全新方法。

——哈利

李敏和丈夫是大学时的同学，在大三的时候就开始恋爱了，工作以后两个人同心同力，一起努力打拼，好不容易有了不错的局面，丈夫有了自己的公司，生意也蒸蒸日上，李敏在家里一心一意地照料着聪明可爱的儿子。日子就这样一天天过着，刚开始一切都像以前那样，夫妻还是恩爱，家庭还是幸福，孩子还是讨人喜欢。可是慢慢地，李敏感觉到了一些变化，丈夫与自己的交流越来越少，工作的时间越来越长，回家越来越晚，两个人之间的温情也越来越淡，甚至连性生活都越来越敷衍了……可是丈夫并没有在外面花天酒地，也没有找情人包二奶，但两个人以往的感觉却再也找不回了。为此，李敏试着和丈夫沟通

过，但丈夫一句话就把她呛了回来："这不是过得挺好的，你还想怎么样？"从此，争吵开始进入了这个家庭，而且都是为了一点点鸡毛蒜皮的小事，离婚也已经开始经常出现在两个人的口中，只是外面的人还一直以为两夫妻恩爱着呢。

在咨询的前几次，李敏一直对这份感情和婚姻为什么会走到这一步无法理解，想想自己已经做了一个女人和妻子该做的一切，一起共同努力开创事业，为了爱情的结晶用心地在家抚育孩子，照顾好丈夫的生活起居，也不对丈夫的事业指手画脚……李敏一开始也对这样的生活感到很满足，觉得总算可以好好地享受生活了，以前的努力和付出都有了回报。可是"为什么我们的婚姻会变成这样？"

当李敏情绪稳定，开始理性地去思考婚姻中不同阶段各自需要的时候，她首先发现的是自己的需要在发生明显的变化，从一开始的激情、拼搏、努力、共济，到现在的寻求安宁、稳定以及需要丈夫适时的温情。如果站在丈夫的角度去看他的需要呢？却发现这许多年中竟有点不知道丈夫会需要什么，或许还以为丈夫需要的应该是和自己一样的，而很少会去真切地了解他的需要、他的愿望、他的烦恼以及他内心是否真的和自己一样满足于现状。同样地，丈夫对她内心的了解也只是停留在某些表面现象上，两个人因此越来越觉得有许多的隔阂在中间，虽然行为上、思想上已经发生着明显的变化，但却又在意识上说不出个所以然来。

李敏和丈夫的感情基础是深厚的，所以当夫妻俩一起在咨询师的引导下各自坦诚地进行交流后才发现，其实心中的那份爱一直都在，只不过这么多年来的忽视让双方好像变得有些“陌生”了，随着相互之间理解的深入，情感又逐渐回到了各自的心中。后来，在咨询的时候两个人的手不自觉地又紧握在了一起，眼神中流露出久违的浓情。李敏深有感触地说：“到现在我才认识到，感情和婚姻是需要我用心经营一生的，不然以前再好的感情也会淡漠，因为那是‘坐吃山空’。”

灵栖心理咨询网咨询案例，http：//www.lqxlzx.com/访问日期2005/09/10

家，是人们心灵栖息的港湾，每当“家”字从口中飘出，心头便多了一份宁静与温暖，少了一份不安和忧愁。然而，在现代世界打拼的人们，时常由于疲惫而只知从家庭获得滋养，却忽略了对家的经营，家因而受伤，有时甚至会转而伤害人的心灵，成为有名无实的家。这时，我们面对的就不单单是一个人的心，而是一个家的心，需要实施家庭心理咨询。

(1) 家庭问题与个人心理问题

①个人心理问题是家庭问题的表现。这就是说，我们所看到的一个人的心理、情绪或行为上

的困难与障碍，实际上是家庭问题的表现。

譬如，有个小女孩最近常闹情绪，哭哭啼啼，情绪不稳定，也不敢上幼儿园，白天要母亲在家陪伴着她，夜晚也要父亲来哄哄她，讲故事给她听，才能入睡。原来，最近父母闹矛盾，甚至谈到以分居来解决婚姻问题。可是，当小女儿闹情绪，日夜要父母来照顾她时，父母就不敢再提分居的事，只好把此事搁置下来。所以，从某角度看来，小女儿是因父母感情问题，而发生了情绪不稳定；但同时闹情绪是想要把父母的关系拉住，不让他们产生婚姻破裂。

遇到这种情况，其要点乃在针对全家的心理问题去改善补救，而不宜只针对个人的心理问题，否则可以说是没有抓到问题的要点。

②家庭是个人心理问题的摇篮。是指个人的心理问题源于家庭的过去环境或情况。虽然与目前的家庭环境或情况可能看不出直接关系，但仔细分析，可以察觉与过去的家庭背景事实曾有关联。

如一个18岁的女孩惠安，最近几个月以来忽然闹情绪，夜晚常做噩梦惊醒，白天也为些琐事发脾气，并且吵着不想离家到外地念大学。仔细研究惠安的过去情况，发现原来当惠安两三岁的时候，她的父母曾经在感情上闹过矛盾，夫妻常日夜发脾气，大声吵架，摔东西，如此有半年之多，使得惠安天天胆战心惊，日夜不安。后来，父母甚至分居数个月，惠安更是反应很大。虽然后来父母重又合好，而且过着比较和谐的生活，但惠安偶尔仍是做噩梦惊醒，害怕被父母遗弃。惠安如此长大，一直生活很平静，可是最近考上一所大学，需与父母分别，离家到外地去住校念书。因此，在惠安的心灵里，触发了过去痛苦害怕的回忆，无形中产生了一连串的、与幼年时类似的心理反应。

遇到这种情况时，过去的家庭历史可以帮助我们去了解问题的来龙去脉，但不宜专心去追究过去已发生的问题，而宜注重目前的家庭应如何去补救。

③家庭的心理问题是由个人问题产生的。假如个人的问题解除了，家庭的心理问题也就跟着消失。

梁家的祖母最近患了中风，因脑出血而瘫痪，意识不清。整天躺在床上，日夜都需由别人来喂饭、换衣服、换尿布、翻身、做身体的清洁工作，很是吃力。因家里经济情况不容许长期住院护理，只好在家养病。但家里只有两间卧室，夫妻便把卧室让给祖母用，自己天天在客厅搭临时卧铺睡。这种安置办法天天如此，月月如此，无形中拖了半年多。结果，家不像个家，好似是临时的疗养所，不但没有地方可以好好睡觉，还让大家都因护理瘫痪的祖母而心身疲倦。不用说，家里不但没有欢声笑语，还产生了一大堆怨言怒气，彼此常闹不愉快，而且不知还得维持多久。

碰到此种情况，其要领在于协助家人去接受、应付、处理个人的病情或问题，由此也解除一家的问题与负担。

④家庭问题与个人心理问题平行共发。个人的心理问题与家庭的心理问题并无直接的因果关系，只不过是两者刚巧都发生，是共发并存的两种问题，没有因果上的关系。

比如，萧家的女儿最近恋爱不顺利，心情闷闷不乐，夜晚想到跟她闹翻的男朋友就生气，并且气得睡不着。而此时刚好他们家的男孩被有名的大学录取，而且还可以拿到奖学金，因此男孩心里很高兴、很愉快。同时，母亲因近来月经不调，有可能是癌症，经妇科医生作切片检查后，正在等结果，父亲跟母亲正因此心情紧张，无暇注意女儿因失恋而情绪不佳之事，也无法替儿子的喜事去庆祝。

全家有苦、有喜，也有紧张，各种情况同时发生，结果一家人各有说不出的微妙心理状况。但这些事都是一一单独产生，少有因果关系。可说是几样问题刚好同时发生且共存罢了。其处理的方式，也是要逐个击破。

（2）常见的家庭心理问题

俗语说“家家有本难念的经”，不管一个家庭如何融洽，难免也会遭遇到心理上的困难，而且每家所遇到的心理问题也常是各种各样。在《家庭的关系与家庭治疗》一书中，曾文星把常见的家庭心理问题分为家庭结构、家庭发展、家庭关系、家庭群体行为等几大类。

①家庭结构上的问题

有些家庭的心理问题乃原发于家庭本身的组织、形成与结构上的因素，即家庭组成的先决条件，或家庭形成的形态本身因素，如何发挥家庭的功能等。

淑真一直不想回自己的家，常想跑到朋友家去住，跟朋友玩，也跟朋友的父母相处，说自己的家不像个家，不想回去。原来淑真的父母都在大学执教，父亲与母亲经人介绍结婚，婚后不到几个月，母亲刚怀淑真时，战争爆发，父亲被调到战地参战，母亲一人怀着孩子生活。淑真生下来以后，母亲因被调到偏僻的乡下工作，只好托姨妈带养刚出生的淑真。如此数年后，战争结束，父亲回来。可是父母的感情不太亲热，父亲常以工作忙为借口，常留在大学工作，连周末也不常在家；母亲虽然把淑真接回来，但淑真不喊她为母亲，仍喊带自己长大的姨妈为妈妈，而且一有机会她就常跑去看姨妈（“妈妈”），要睡在姨妈家里。淑真说，自己的家，并不像个“家”，因父亲常不在，女儿跟母亲也不亲近，像生人一样，还不如跑到别人的家里，还像个“家”的样子。

②家庭关系上的问题

有时候，家庭的心理问题之产生，直接与其家庭成员间的人际关系有关。

徐先生最近情绪很不好，因为婚后不到一年的妻子跟他闹感情，跑回娘家去了。徐先生是独生子，早年丧父，由守寡的母亲一人辛苦养育长大。再加上从小身体虚弱，常生病，幸亏依靠母亲细心照顾，好不容易长大成人，但也因此跟母亲的感情特别浓厚。去年经人作媒，娶了妻子，原想也可以让媳妇照顾年老身衰的母亲，哪知妻子娶来没多久，常与先生闹脾气，说做丈夫的心里只有母亲，没有妻子。譬如，烧了好吃的菜，只会夹给母亲，买了好吃的水果，只想给母亲吃，都不会想到叫妻子吃。母亲也常要儿子去关心，不要媳妇服侍，嫌媳妇粗手粗脚的，不够体贴，不懂老人的心。妻子向丈夫诉苦，丈夫只会说老母亲在世也没多久，多忍耐，对老人家好些，不要唠叨不孝顺。上星期，因小事情母亲批评了媳妇，丈夫也随着骂妻子，妻子认为丈夫只能作母亲的儿子，不是自己的丈夫，便生气跑回娘家去，不肯回来。

③家庭发展上的问题

家庭的心理问题，有时候与家庭的发展阶段有关系。即，在某个家庭发展阶段可能没问题，但进入另一家庭发展阶段，问题就出现了，表现为与家庭的发展过程有关，是一过程性质的问题。这种问题家庭演变发展到另一阶段，可能就自然消失。

吴先生跟妻子结婚5年，婚姻生活还算幸福美满。有孩子后，夫妻感情更是要好。可是不知怎的，近年来，随着孩子年岁的增长，夫妻常常闹矛盾吵架，影响家庭本来美满的气氛。仔细研究，夫妻近来吵闹的原因跟5岁大的男孩的养育有关。做母亲的，认为男孩还小，仍要照顾。譬如，晚上打雷，小孩害怕，母亲就叫男孩一起来躲在被子里，跟妈妈一起睡。而做父亲的，则认为这样太过分娇惯（男）孩子，坚持孩子回自己卧室去睡，不要缠着父母。结果，夫妻俩为了孩子的事闹意见，也闹情绪。

④家庭群体行为上的问题

家庭群体行为上的问题，与家庭的结构或发展无关，而直接跟家庭成员群体行为的反应有关。

王家除了父母亲以外也有两个孩子。老大文光 19 岁，是男孩；老二惠美 17 岁，是女孩。大家在吃晚饭时父亲开口说话，问大家有什么事要报告。没人做声，只是妈妈说了一句，学校快开学了。爸爸就问，开学又怎样？妈妈回答惠美需要买新衣服。爸爸就告诉妈妈，可以在周末带惠美上街买衣服。接着又叮嘱说用钱要节省一点，不能太浪费。随后指着文光说，上次录音带买得太多，而且多半是没用又难听的音乐。文光皱着眉头，但不敢做声，仍继续吃饭。别人也都不做声。

从王家的情况，我们不难发现父亲是一家之主，权威很大，连母亲也得听父亲的话。因家庭独权的气氛很强，孩子们都养成一味听从的习惯。由于父母所扮演的是如此的角色，结果一家人的谈话就变成了单向的沟通，由一方出意见、拿主意，另一方只消极地听，没达到交流的功效，难以发挥家庭的养育功能，也影响家庭的基本气氛与关系。

(3) 家庭治疗的基本理念

与个人的心理治疗相比，家庭治疗，因其要针对整个家庭的心理问题而进行，所以在基本理念上具有独特性。

①以“家庭”为着眼点的咨询

家庭心理治疗与个人的心理治疗最不同的地方，是不以“个人”的心理为其着眼点，不太去考虑个人的内在心理结构与行为动机，而把其焦点放大，放在不同的层次，专心注意“一家”的总结构与组织、家庭的发展阶段、全家的沟通与交流、家庭成员间的关系、角色与情感，研讨家庭的功能、问题与适应等。时常需要全家人，或者有关的主要家人参与治疗会谈，以家庭群体的方式进行治疗工作。不过，并非时时都需以全家参与的方式进行，有时只需直接有关的家人参与即可；而且随着治疗的需要，可随时变更参与的家人。换句话说，家庭治疗是一种治疗的观念，是以“全家”为治疗的着眼点，并不意味着需时时由“全家参与”。

②以“群体”的眼光分析家庭的行为

由于一个“家庭”是由三人以上的一群家人所形成，所以要以“群体”的眼光来了解并分析家庭行为。不管其家庭成员的年岁多老或多幼小，都是直接或间接地影响整个家庭的心理情况，影响群体的综合行为。要研讨在群体里权威如何分配使用，是独裁式或民主式，谁扮演明显的领导者，谁是幕后的策划人等。

譬如，在晚饭桌上，父亲宣称明天是清明节前的周末，全家人应一起来打扫屋子。大女儿听了，顶嘴说，她已跟朋友约好，周末要到郊外去游玩；而儿子听了，也搭腔说，他也想跟朋友去打球，跟姐姐拉统一战线，联合反对父亲的建议。结果，两方坚持不让，还得靠母亲出面从中协调，建议这周末由父母两人打扫一部分，下周末由孩子打扫其余的部分，总算化解了这场僵局。

针对这一小段，我们就可讨论父亲应如何执行他的群体领导职权。两个孩子，以成员的身份联盟起来，反对领导的决定，而母亲扮演协调者的身份，来解决两方的冲突等，就应该用群体的眼光来分析了解。

③以“系统”的眼光体会家庭现象

所谓系统，乃指有相互关系的一个整体。一个整体的一部分有了变化，便会牵连性地影响所联系的其他部分，一波接一波地影响下去，影响全局。

譬如，一个孩子咳嗽一声，就引起母亲的注意，开口问怎么了；而在旁边用心做功课的另一个孩子就可能嫌太吵，吼一声不要吵；而这样吼人的话，可能引起父亲的反应，训斥孩子不礼貌等等。一个孩子的咳嗽声就可牵动全家的连锁性反应。

我们的家庭行为，常是这样发生的。要了解我们家里的行为反应，就得以“系统”的观念去了解，否则，只看到后面的行为反应，而没注意前面的起因，就会失掉全盘性的领会。

④以“家庭发展”的观念了解家庭问题

一个家庭随着夫妻年纪的增长与子女的长大，经历着不同性质的家庭阶段，称之为“家庭发展”。在每个发展阶段，常有特殊的心理课题要去面对和解决。

譬如，家里的独生女儿要离家，到遥远的外地去住校上大学，家里将只剩下一对中年父母，开始“空巢期”

的夫妻生活。这对很多人来说是开始享受“第二次”蜜月的阶段，即无子女在身旁的情况下，可过丈夫与妻子两人的清静悠闲的夫妻生活。可是对这对夫妻来说，却是开始不安的阶段。因为，这对夫妻两人之间的感情向来不佳，做妻子的，全靠做母亲来满足自己的心理要求。现在女儿长大，离家远走，自己很长一段时间做不上“母亲”，而又难做“妻子”，难怪近来心里沉默，开口提议是否与丈夫离婚或分居较好；而丈夫听到这样的提议，心里很不高兴，气她夫妻已相伴熬过大半个人生，到这时还提什么分居或离婚的主意。

这样的家庭问题，最好以“家庭发展”的眼光来体会其问题发生的本质，了解是“子女养育阶段”之后，转入“空巢阶段”时，有些夫妻可能面临的家庭问题。从治疗的立场说来，这对夫妻还得练习他们如何过两人的夫妻生活，没有子女也可以经营他们夫妻的生活。也就是说，要去弥补他们在结婚初期还没有解决的心理课题。

家庭发展：家庭生活周期阶段

酝酿期：情侣形影不离，求婚，订婚		
早期：形成并筑巢		
第一阶段：成为夫妻		
	家庭阶段标记	家庭由两个人住在一起开始
	家庭任务	从个别独立转变为两人互相依赖
第二阶段：变成三个人		
	家庭阶段标记	家庭生活的第二阶段始于第一个孩子依赖成员的来临及加入
	家庭任务	从互相依赖到加入依赖

续表

中期：家人分开的程序	
第三阶段：进入	
家庭阶段标记	第一个孩子/依赖成员离开家庭进入社会，通常发生在孩子进入学校或其家庭以外的环境时
家庭任务	从依赖转变为促进分离的开始
第四阶段：扩展	
家庭阶段标记	最后一个孩子/依赖成员自家庭进入社会
家庭任务	支持促进分离
第五阶段：离开	
家庭阶段标记	第一个依赖成员完全离开家庭，搬出去住，包括婚姻或其他居住形式
家庭任务	从部分分离转变为第一个完全的独立
后期：完成	
第六阶段：规模变小/扩展	
家庭阶段标记	最后一个孩子/依赖成员离家
家庭任务	独立的继续扩展
第七阶段：终结	
家庭阶段标记	自夫妇中的一人死亡开始，至另一个去世为止
家庭任务	帮助家人度过哀伤的日子，完成最后的分离

摘自　程超泽．家庭情商　协调家庭关系的技巧［M］．北京：群众出版社，2002

⑤以动态眼光了解“个人”与“家庭”的关系。我们已

经提到，对于婚姻也好，对家庭也好，个人的心理问题与家庭的心理问题有各种关系。家庭可以是个人问题发生的摇篮；家庭问题是对个人问题的反映；个人问题是家庭问题的表现；或者个人问题与家庭问题是无关的共存现象等。换句话来说，我们要以动态的眼光，灵活而且确实地了解，到底“个人的心理问题”与“家庭心理问题”有何种关系。正确认识清楚之后，我们才能进一步决定如何处理个人与家庭的心理问题。那个常闹情绪的小女孩，害得本将快分居或离婚的父母因非得照顾孩子，而不再谈分居或离婚，夫妻两人继续跟孩子住在一起。对于这样的情况，我们动动脑筋便知晓，此小孩的“个人问题”是用来“粘住”家庭，使要分裂的家庭不至于瓦解，我们要想改善小孩的个人问题，需要先解决父母的婚姻问题。

（4）家庭治疗的技术与要领

作为以家庭为干预对象的治疗形式，家庭治疗本身并不是一个单一的治疗流派，而是一个兼容并蓄的体系。在这个体系中包含着若干从理论取向到治疗技术都不尽相同的派别或模式，如支持性、结构性、系统性、策略性、分析性等，我们这里介绍一些比较常用的技巧。

①咨询师要能以“内人”及“外人”的双重眼光来处理问题

首先，要能被家庭接受，成为圈内人员。咨询师不但要能进入家人的圈子里，以自己人或“内人”的立场主观体会家人的情况，运用“同理心”来体会一家大小的处境。譬如，咨询师要混进家人的群体中去坐，以便从内心体会在家人的圈内里，是何种感觉；同时还得时时以客观的“外人”立场，来分析情景，并作冷静的客观性判断。在就座时仔细观察，看看一家人如何坐下来，谁跟谁坐，谁故意坐得远远的，不愿亲近。以座位情况判断一家人的结构与关系。假如夫妻俩不但不靠近坐在一起，还背对背似地坐，不用说，两人不亲近。假如孩子跟父亲靠得很近，而不与母亲坐，便表示与母亲的关系不亲，等等。如此，一里一外，以两种立场同时来了解全家情况。

②利用家庭成员，侧面性地了解隐闭性的家庭资料

当家人描述家里的情况与问题时，常受描述者的个人主观印象及判断的影响，担心外人知晓“家丑”。特别是由成人父母描述时，会有顾虑。因此，家庭咨询师常常请家里的每个人都谈谈他们对问题的看法。特别应注意让较少有戒心的子女说说家里的情况。一方面趁孩子们较无防备之际，侧面地获得真实的家庭资料；另一方面也可帮助成人去听一听孩子心目中的家庭，到底是怎样一回事，有助于沟通了解。“小妹妹，你在家里过得好不好？有没有谁对你不好？”像这样地向最小的孩子提问，说不定小妹就开口说：“没人欺负我，但是爸爸总要叫我把小狗送掉，说小狗吵了他……”就这样，毫无顾忌的，揭开序幕。让我们去面对家里的日常生活，描述讨论家人所关心的事。

③使用具体方法，显现家庭结构关系，帮助家人认知

为帮助家人认识并了解他们的人际关系或家庭结构，咨询师会如何使用一些具体的方法，让家人去认识体会，进而可去更改。譬如，在会诊的场所里，要家人看看自己相互坐的情况，并给他们“更换座位”。即利用家人选择座位的特殊的模式与意义，用来具体的指出给家人看，并当场请家人更换座

位，象征性地改善人际关系。

“比身高”是另外一个技巧。即：当父母把已经长大的孩子仍然当作“小孩”时，就可以叫孩子站在父母的面前跟父母比身高，帮助父母去体会孩子已经是与成人同高的小“大人”，以唤起其领悟，以小大人对待，不要再以小宝贝对待孩子。

“用手去捏家人”再去问别的家人痛不痛，是另外一种技巧。可用在过分接近，不分个人的存在，彼此达到过分黏在一起的家庭。其目的是帮助他们认识个人的存在，尊敬个人的界限与独立。

④善用家庭成员做“副咨询师”，间接提供咨询意见

当施行家庭治疗时，咨询师会发现在一家之中，有时会有一两位成员较成熟、稳重或有良好意见，能看得出问题的性质，也能提供改善的方法或方向，这类家庭成员可被咨询师间接地采纳，作为“副咨询师”辅助治疗工作的进行。这类可协助治疗的家人，并非一定是成人，有可能是小孩，也不一定是固定的某人，可随情况而更换。

由于咨询师毕竟是外人，其提供的看法或建议，可被认为是门外汉的见解，不大起作用。可是自己人的看法或建议，其意义有所不同，影响也较不同。譬如，在会谈当中，进入冷场，犹如船搁浅滩，进退两难时，咨询师可请所谓的“副咨询师”问他看看有何意见，协助会谈的进展。

⑤“改观重解”，转负为正，更改认知上的看法，维护家人亲热的情感

“改观重解”的技巧要领，是针对一件事情，不用比较负性的角度去看，而改用比较正性的、另一角度去解释，以改变对该事情的看法与感觉。譬如，父亲本来责骂大孩子整天跟弟

弟“吵闹”，咨询师可替父亲来解释为：孩子能“活跃讲话”挺好，不用担心其缩手缩脚没信心；母亲嫌女孩子太注重穿着，爱漂亮，可另解意为女儿懂得修饰外表等。因为每样事情都可以从任何角度来看、来解释，来“改观重解”。如此，改变家人之间总是互相批评、说短处、说坏处的情况，转负为正，对彼此的感情较有帮助。

⑥现场角色排演，具体练习纠正行为

心理治疗里最感到有困难的，莫过于心里知道却难付诸实际行为的改变。如先生心里知道要对自己的妻子体贴些，但等到跟妻子在一起时，却不知如何在言行上体贴些；或者，夫妻很了解配偶之一在管教孩子时，另一方不宜插嘴干扰或反对其管教，但一到时候，却又忘掉，开口替孩子说好话或说情，阻碍了管教的作用，更引发夫妻两人当着孩子的面吵架的结局。可以采用现场角色扮演，就地排演、练习。如丈夫不知如何向妻子表示体贴，就让夫妻两人当场表演如何亲热，让丈夫向妻子表现体贴的言行，而由咨询师做导演，指导丈夫如何说，如何举动可表达其情感，当场也可获得妻子的反应。

⑦安排家庭作业，促进实际且时时地改变

家庭治疗的最后一种技巧，乃是让家人做家庭作业，要求家人在会诊结束回家后，做些在家的功课，如复习在会诊时排演的行为变化，或讨论未曾讨论的话题。这样安排家庭作业的目的，是增加家人练习的机会，也让他们做做、学学，看看咨询师不在时，家人自己会如何反应，其差别在哪里，以便在治疗结束后，家里人仍能继续实行且保持新的行为反应。

所安排的家庭作业可有多种，最简单的，莫过于教他们讨论计划一家的周末活动要干什么。这样的通俗话题，每个家庭都可讨论。而这样的家庭作业，叫他们去讨论，不但可在无形中让他们去沟通交流，也可让他们实际去计划他们的家庭活动。而咨询师也可观察他们的家庭行为如何在演变。

此外，单/双日家庭作业也是一种常用的形式，可以建议当事人在一周的一、三、五（单日）和二、四、六（双日）做出截然相反的行为。如一个咨询师给一个因孩子爱发火、不听话而咨询的家庭的作业，“每周一、三、五、你可以装小孩或病人，什么都需要帮助和满足，不然就发病给妈妈看；每周二、四、六装大人，做作业、买菜、扫地、拖地板，管理自己和家庭。星期天随你便，你觉得当病人舒服，当小孩好就继续当；若觉得当小孩或病人没劲，就长大成18岁，表现得像个成年人，随你变。”与此同时，要求其他家庭成员观察当事人两种行为各有什么好处。这类作业的作用是“醉翁之意不在酒”，咨询师是要引起当事人对原有幼稚行为的反思或领悟，并选择进步的方向。

（5）和谐家庭，维护心理健康

①家庭成员间保持良好有效的沟通。家庭问题本质上是家庭成员间的人际关系，维护良好的人际关系能够使家庭成员更多的感受到来自家庭的支持和温暖，既有利于个人的心理健康，也在增强个人对家的归属感的同时促进家的和谐。这就需要各成员彼此间进行充分真诚的沟通，彼此自由、开放、坦诚地说出心中的真意，相互理解，彼此宽容。

②以变化发展的观念看待家庭发展周期，对不同时期的不同问题做到心中有数。不管家庭结构如何，家庭都要经历一些特定的可预知阶段，如结婚，第一个孩子出世，孩子离家，祖

父母去世，等等。在每个家庭周期阶段，家庭惟有完成其中的家庭任务后才能继续发展下去。反之，发展会耽搁或迟滞不前，则问题也会被带到下一阶段周期，成为发展的阻滞。例如，父母因孩子年幼可怜而不愿意他们上托儿所或幼儿园，孩子害怕与人接触。而当孩子成为青少年寻求更多自由和自我管理时，相同的恐惧可能导致两代间的冲突，以至影响年轻人离开家庭时的独立性。

③重视家庭对个人心理健康维护的重要性。中国人强调家庭的、社会的平和，在“家丑不可外扬”的理念下，很多家庭存在掩饰问题、回避问题的心态，当某一个家庭成员出现心理问题时，他可能还能接受心理治疗，但是如果让全部的家庭成员都接受家庭治疗，他们可能会认为这是全家都有心理疾病的表现，因而拒绝治疗。实际上，很多心理问题都是和家庭密切相关的，而家庭对于促进个体健康也具有重要作用，某个家庭成员出现问题，整个家庭的改善也具有促进健康的作用。

17. 通过故事改变生活：叙事心理咨询

每个人都在倾听别人的故事中成长，又在自己的故事中建构自己的人生。

——编者

肖云，一个温柔可人的女大学生，是家里惟一的宝贝女儿，小时候备受家里宠爱。9岁那年，家里又新添了一个弟弟。父母晚来得子，自然将全部精力放在了弟弟身上。肖云在家里的地位陡降，很感失落。于是拼命学习，想用优异的成绩吸引父母的注意。但父母仍然把大部分关注给了弟弟。她学习上的快乐与痛苦不再像过去一样有父母与她分享，这让她在家里很自卑、压抑、孤独，一直郁郁不乐。

在学校，她成绩一向很好，高中的老师对她寄予厚望。但去年高考失利，只考了个二本学院，要强的她没有去，选择了复读。不幸的是，今年高考，她考的分数更低，最后她不得不来到目前就读的三本学校。为此，她更加不愿说话，更加自卑、抑郁，情绪更为低落，对生活更加没有信心，以至经常产生自杀念头，因此前来咨询。

咨询师：你好！你看起来比较郁闷，不快乐，是什么让“不快乐”跟着你呢？能给我说说你的故事吗？

来访者：所有的事都让我不快乐。有什么值得快乐的呢？父母自从有了弟弟就不再关心我，我是个多余的人；我的学习也时好时坏，本来应该考个名牌大学的，可复读了一年却考得更差，只考个三本！我让我的父母和老师很失望，我对不起他们，他们辛苦挣的钱都让我一个人用了，却没有一个好结果！我家里本来就穷，还得承受这么高昂的学费，我不知要害我父母到什么时候，下学年，我的学费不知从什么地方来？我不知自己是否能读完大学？这么混下去我怕自己毕不了业。就算勉强毕了业，也不会有什么好前途。谁都知道，现在大学生工作不好找，我又是个女生！唉！……今年参加英语四级考试，比我差很多的人都过了，我却没过，我真是没用，简直就是个废物！一点用都没有！前不久，男朋友也离开我了，说我太郁闷，没意思，其实他是被别的女孩勾引去了！世界上没有一个人值得信任。我活得好累，真想一死百了，生活中没有一件让我开心的事，呜呜呜呜……（哭）

咨询师：唉，看来你的生活真的有好多“不快乐”——这些“不快乐”是从什么时候开始的呢？

来访者：自从9岁那年有了弟弟后，我的生活就处处不顺，父母不再管我，对我父母来说，弟弟才是他们的宝贝，我算什么？死了，他们也许还少个负担。谁让我不是男孩呢？我不愿呆在家里，看到父母对弟弟那种疼爱，我就受不了！从上初中起，我就在学校住读，我以为换个环境会快乐一些，但我仍然不快乐。我和同学总是相处不好，他们都很自私、小气、冷漠、不讲理。我干脆懒得理他们，自己拼命学习，一心想考个名牌大学，但最后连这点希望也破灭了，完全没有希望了。唉，有时候觉得自己好孤独，连个能说话的人都没有。生活真是没意思。

咨询师：唉，看来你已经被不快乐折磨好几年了啊，真是不容易呀。能告诉我这些不快乐是怎么影响你的生活的吗？

来访者：它们让我压力好大，我总是睡不好觉，吃不下饭，觉得做什么事都没劲。郁闷不堪，只想早点解脱。我没有兴趣和同学交往，也不参加学校的一切活动，我没有朋友，越来越孤独，生活过得好压抑，好痛苦……接着来访者花很长时间讲述了许多被不快乐折磨的种种，不时会伤心大哭，情绪较为激动。

咨询师：哦。看来“不快乐”这个东西真是把你害苦了！有没有偶尔不这样的时候呢？

来访者：没有！从来没有！我的生活一直就是这样。

咨询师：再好好想想，好吗？或许是你没注意到？我很想听听呢。

来访者：……

来访者：哦，想起来了。倒是有一次。那是今年高考前，爸妈带着我和弟弟到市里去逛街，还特地买了我平时最喜欢吃的汉堡和炸鸡腿，给我买了好多新衣服，弟弟好高兴，不停地叫我亲亲姐姐，我感到自己不再恨他了，那一次觉得一家人在一起原来也可以很快乐。

咨询师：哦，那时你是怎么做到让自己‘快乐’的呢？

来访者：很自然啊，因为我感到我父母还是爱我的呀，我就想其实他们并没有不要我，不喜欢我，只是弟弟小，更需要他们照顾。再说，父母也没有不管我，他们不管我的学习也许是他们放心我，因为我的学习一向挺好啊，他们的精力也顾不过来。虽然我是女孩子，但我一样可以有出息，对不对？其实弟弟也很可爱的，我干嘛要跟他过不去，跟自己过不去呢？我应该好好学习，放下心中的敌意，快乐的生活才对。这样一想，我就真的快乐起来了。

咨询师：哦，其实，你自己是有力量赶走“不快乐”的。是吗？你可以让自己变得快乐是吗？还有这样的时刻吗？

我很高兴她终于找到了这样一个例外，而来访者也为发现了自己偶尔能战胜“不快乐”感到高兴。当然，接下来，我们是继续寻找这些例外，直至它们慢慢扩大，并最终能成为一个能代替旧的“不快乐”故事的新故事。

在我的鼓励下，来访者又开始回想。

1个小时的咨询时间到了，来访者在讲述新故事的过程中，心理已经发生了较大变化，脸上不再布满阴云，她似乎找到了自己问题的所在，并找到了解决自己问题的办法。对自己、对生活开始充满信心。

在后来的几次咨询中，来访者又发现了几次让她快乐的经历，这是她以前从没发现的，来访者变得越来越开朗。当然，后来的几次咨询并不是一帆风顺的，中间也有些反复，但我不断巩固她的新故事，慢慢的，新故事代替了原有的‘不快乐’的故事，她的抑郁症症状开始减轻，她变得爱笑了，没有在寝室哭了，和同学相处也比以前好很多，学习成绩也有很大进步。

——摘自编者咨询手记

从这个案例中我们可以看到：整个咨询过程非常简洁，就是咨询师在听来访者讲自己的生活故事，在帮助来访者发现和丰富自己更多的生活故事，似乎只是一个故事的倾听者和想听更多开心故事的好奇者。实际上，这就是后现代心理咨询理论中影响广泛的叙事心理治疗。

(1) 叙事心理治疗的基本观点

叙事心理治疗缘起于20世纪80年代的家庭治疗，兴起于20世纪80年代晚期，它是由澳大利亚临床心理学家麦克·怀特和大卫·爱普斯顿首先创立的。是迄今为止后现代心理治疗中最具有生命力的心理治疗方式。所谓叙事心理治疗，就是通过引导当事人叙说其个人生活故事达到心理辅导解决问题的一种心理辅导方法，它是咨询师或治疗者运用适当的语言艺术和辅助方法，帮助当事人找出个人故事中的遗漏片断，重建没有心理困扰的新故事，并按新故事生活的过程。它的基本观点主要包括：

①问题是问题，人不是问题

叙事治疗认为，问题和人不是一回事，问题并不存在于人之内，而存在于人之外，问题是人在与社会的交往中通过语言建构的；人没有问题，是人与其认识情境的关系使人产生问题。叙事治疗主张把人与问题分开，让问题是问题，人是人，从而把人的积极因素调动起来，与咨询师一起来解决叙事中的问题。叙事治疗要改变的是人有问题的叙事，而不是人。

②叙事是语言与现实构建起来的桥梁

叙事是人的天性，人人都会讲述有关自己的故事。故事虽然不是生活的镜子，但它可以塑造人们的现实生活，一切心理现实包括自我都是经由语言按照叙事框架而建构起来的，都是一个个故事。

③故事可以由“单薄”变得“丰厚”

叙事心理治疗认为仅仅围绕一个或者几个主题讲述的自我故事是“单薄的故事”，而把那种把生活描述得丰富完整的故事称为“丰厚的故事”。单薄的故事往往包含一些偏见，这些偏见会成为过滤器，把生活中不符合这些偏见的体验过滤出去。比如，自卑的人只看到自己的缺陷与失败，悲观的人专注于负面的事情，自我的人只从自己的角度理解世界等。实际上，一个人的生活经验非常丰富，不可能仅仅围绕一个或几个主题讲述自我故事。心理咨询师如果能够鼓励人们把生活描绘得丰富一点，完整一点，那么偏见对其他生活经验的过滤和排斥就不会那么强，也就不会对人们的生活产生那么大的影响。

（2）叙事心理治疗的基本步骤和操作技术

叙事心理治疗没有统一、固定的方法与操作模式，它更多的是一门运用语言的艺术。在具体运用中，人们总结出几个基本的操作步骤和一些常用的操作技术。

①基本步骤。一般而言，叙事心理治疗有五个基本的操作步骤

a. 倾听来访者叙述并界定问题

这一步就是咨询师不带任何主观预设来倾听来访者叙说自己的故事，找出来访者叙说问题的关键，并替这个“问题”取一个名字来界定问题。界定问题最好用自述者自己的症状语言：不要大而抽象，如不说叫“焦虑症”而说“恐惧袭来”、

“担心”等。

b. 外化问题

外化问题就是把问题与人分开，把问题看做是文化和历史的产物，是来访者在一定时间阶段中的社会建构。到心理咨询室的来访者往往都会认为自己是有问题的，他们已把问题看作是他们的一部分，也就是说，他们已经内化了问题。外化是和内化相反的过程，它就是要把被来访者内化了的问题分离出来，让它重新成为问题，也就是叙事心理治疗最常用的一句话：让问题是问题，人是人。从而，给故事的发展提供一个崭新的空间，让来访者站在客观的角度，重新审视自己的问题，自己解决自己的问题。如篇首的咨询师把来访者的抑郁症外化为一个与她本人分开的问题——“不快乐”。

外化的技巧很多，我们不可能全部掌握，但我们需要知道哪些东西需要外化？怎样外化？也就是什么样的对话有外化作用？一般而言，最常用的外化式提问有：“这个问题出现多久了？”“它是怎样影响你的生活的？”“这个问题对你的生活施加影响已经多久了？”“哪些因素会使它出现？有没有偶尔不这样的时候？”“它出现的时候会如何影响你的生活？什么时候最强？什么时候最弱？”“什么事情会维持‘问题’？什么事情会抑制问题？”等。当然，这些都不是固定的，运用者可以根据不同的情况来自己创造。

c. 寻找例外性事件

叙事心理治疗认为，即使在充满苦恼的情况下，也能找到“例外”的情况，这就是与原有故事不同的另外一个新故事，也是新生活的可能。叙事心理治疗师把眼光放在这些不被注意的积极变化和新颖体验上，非常谨慎、非常有耐心地，像一个考古学家一样，仔细地去寻找那些例外性事件，找到那些真正有价值的故事碎片。比如对一个每天都逃学的孩子，有一天没有逃学，这就是一个良好的开端，从这里出发，也许就可能找到新的生活故事的建构点。不断寻找这些“独特的结果”，使这些起初微小的结果像滚雪球一样，逐渐扩大，使原来占据着全部生活的问题故事，对当事人不再显得那么重要，甚至变得无足轻重，被淡忘，而使新的情节不断形成和发展，直到走向完全不同的结局，这实际上就是一个解构旧故事的过程。

d. 帮助来访者重述生命故事

在咨询师对原有的故事进行解构的过程中，咨询师可能已经找到了新的故事的小火花。这时，咨询师需进一步增强来访者的力量，协助来访者将这些充满希望的微小火花进一步放大，也就是让新故事更为真实、更为扩大、丰富，直至能够与支配故事对抗，并取代旧的有问题的故事。这是叙事心理治疗中重要的一步，它促使人们重新描述自我。通过这个过程，一个人、一个家庭甚至一个社区的新故事可能会形成，并且丰富起来，获得自己新的生命，成为一个健康生活的人。生活是开放的、发展的，当这个新故事随着时间的流转又开始束缚生活时，又要开始寻找更为开放自由的新故事。一个又一个的故事，推动着生活不断变得快乐与美好……如篇首的咨询师与来访者一起寻找例外，鼓励她编写新故事——“快乐”的故事，解构她“不快乐”的问题故事。在对新故事的期待下，来访者把那些原先忽略掉的新故事讲述了出来。这样，在讲述新故事中，她逐渐找到了解决自己问题的方法。

e. 巩固新故事

由于来访者每时每刻都处于主流文化的影响下，新故事形成后，如果不能找到方法支持来访者新发现的故事，来访者可能还会重新被问题故事所操控，可能还会有反复。为此，需要采取一些方式来巩固新故事、巩固治疗效果。巩固新故事通常是叙事心理治疗必不可缺的一步。只有当新故事真正内化成为当事人的一部分时，叙事心理治疗才算结束任务。

②常用技术。在以上5个步骤中，常用一些辅助性操作技术，比如见证、仪式和庆祝、通信等。下面简要介绍这几种技术：

a. 见证

见证是指咨询师在咨询过程中，为了帮助当事人成功地与业已成为其自我认同的问题叙事分离，而召集一些观众（这些观众一般是对当事人的生活有重要影响的人物，如家人、邻居、朋友、老师等）来做当事人新生活见证人的一种方式。按照建构主义的观点，我们的生活故事总是通过与我们生活中重要的他人相互交往而学来的，通过活动，我们又将这些故事付诸现实，而重要他人的反映也被编织进我们的故事之中。因此，重要他人的见证对于巩固已经建立起来的新故事具有重要的督促作用，是巩固新故事的好方法之一。

b. 仪式和庆祝

仪式是叙事心理治疗中一个重要的特殊的技术。叙事心理治疗中仪式的运用一般是在三种情况下：一种是在界定问题的时候，一种是在取得阶段性进步的时候，一种是在治疗结束的时候。比如咨询师在咨询的开始阶段，在详细了解了问题是怎么一回事后，可能通过颁发证书（见下图），举行一定的仪式的方法来明确界定问题。而在该来访者取得了阶段性成果后，可以召集来访者朋友、亲属和其他心理咨询师一起庆祝来访者新生活的开始，让来访者向参加庆祝的人们表达对这个改变过程的反思和心得体会，同时展望未来的生活。

录取证书	毕业证书
李磊同学一家： 知悉贵家庭面临“网虫问题”困扰，努力摆脱其影响未果，希望与本中心高级咨询师合作，共同探索新生活。经研究决定录取你们加入新生活之旅。 特发此证为鉴。 咨询中心 2006年11月	李磊同学一家在摆脱网虫问题的过程中取得优异成绩，后转而致力于提高学习兴趣。现在已成功地从网虫问题中摆脱出来，开始探索美满生活的故事…… 特发此状，以资鼓励。 咨询中心 2007年2月

证书示例图

c. 通信和文档记录

通信和文档记录是叙事心理治疗常用的一种方法。与传统心理治疗师刻意维持与来访者之间的距离不同，在叙事心理治疗里，咨询师并不回避个人化的信件往来。通信被作为叙事心理治疗的一个辅助手段，它被作为治疗师和来访者及其家人平等交流沟通的一个重要平台。叙事心理治疗的创始人之一爱普斯顿规定每次谈话后都要写信给来访者或其家人。这些通信有时候像朋友聊家常，有时候在平实中加一点调料，以刺激来访者的想象力和参与感，渗透到他们的内心世界。此外，叙事心理治疗的治疗师一般每次咨询过后都有文档记录，这样做主要有两个目的：一是便于督导简单化，二是可以让当事人重读自己的故事。通信和文档记录可以让当事人看到自己是怎么克服以前的问题的，看到自己发生了多大的改变，自己走了多远，自己以后怎么运用同样的方法来面对未来的问题，维持和巩固他们已经发生的改变。

d. 合作评估和反思团体法

合作评估是一种问题解决方法，是运用叙事治疗的理念提供心理测量的替代手段。传统的心理测量是咨询师测量来访者，来访者是一个被动的接受者。在合作评估的过程中，来访者和咨询师的立场是一致的，都是解决问题，来访者和咨询师是平等的合作关系。这样一来皮球推给了“问题”，而非任何人，从而可以让人团结起来共同承担处理人与问题之间的关系的责任，避免相互指责等不利于问题解决的情况。

反思团体法是邀请几个观察者，他们和接受咨询的人分开坐，在咨询期间不准相互交流，在咨询暂停（2~15分钟）时进行反思性对话，一般由观察者分享他们在观察咨询过程中所出现的想法，表达的方式一定要是肯定的、尊重的、非评价性的，有助于问题解决的。咨询师和来访者不必对其作出回应，但可能在继续咨询时思考他们的想法，来促进自己的咨询。

（3）在日常生活中，我们如何运用叙事心理治疗自助？

①读别人的故事自疗。读别人的故事可以说是一条心理自疗捷径。很多人都听过一千零一夜的故事，那个残暴的国王在听完一千零一个故事后，赶走了他心里残暴的恶魔。现实生活中，你可能也有这样的体会，当你为失业感到苦闷，心情沉重时，你可能因为读一本励志故事，而使自己心情振奋；当你感到难以与家人相处，内心忧愁烦闷时，你可能会因为读到一则哲理故事或心理故事而豁然开朗；无论在你休闲或忙碌的时

候，看一些轻松美好的连续剧，会让你觉得生活很美好。这就是故事的魅力，它往往在你不经意间，起到了心理治疗的作用。所以在日常生活中，当我们面临压力或困扰情景时，我们可以有意识的去读一些有助于心理治疗的书，或看一些优秀连续剧，让我们的心情在欣赏别人的故事中得到启迪，得到放松和平衡。

②写日记反思自己，找到健康生活的出路。当我们被心理问题困扰的时候，我们不妨准备一个大而干净的日记本，向它去倾诉我们的心情故事，并找到健康生活的出路。写日记不仅仅为了倾诉和宣泄，更为重要的，是要学会反思，学会重写自己的生命故事，直到让自己从郁闷消极的故事中走出来，拥有一个积极的情绪为止。采取这种心理治疗方法，既能保持自己的隐私，又能让自己的心理不断成熟。如果你某一方面的心理问题特别突出，比如焦虑，你最好有一本专门的日记，每当出现焦虑的时候，你就记下来，记住什么时间、什么情况下，你容易出现焦虑，什么时间、什么情况下会好一点，好一点的条件是什么，你是怎么做到的，慢慢地，你就学会怎样控制自己的焦虑，学会轻松生活。当然写日记需要持之以恒，只要你有耐心，用这种方式不失为一种较好的心理自疗方法。

③找知心朋友或对着镜子倾诉。在倾诉之前，把你的问题弄清楚，是什么让你如此困扰的。你也可以试着给你的问题取一个名字，然后对他讲你的问题故事。知心朋友就是一个你心理故事的见证人，他可以什么都不懂，但他对你故事的解读可能和你不一样。有时候，知心朋友的一句话，可能就会解开你心理故事僵死的结构，促使你重写自己的生活故事，让你的心理变得平衡、和谐。而且，倾诉本身也是一种情绪的宣泄与放松。在找不到知心朋友的时候，你还可以对着镜子，甚至是对

面放一把空椅子，去倾诉你的故事，这样，你可以更加客观的看你的问题，也能更加客观的去解决自己的心理问题，而不是让心理问题始终困扰着你。

④换一种生活方式，为自己提供多种生活空间。叙事心理治疗原理告诉我们，我们的生活故事是我们自己用语言建构起来的。在日常生活中，我们要留心多种生活的可能，留心多种语言，为自己提供多种生活的空间，使自己的生活故事永远是流动的，而不是僵死的。这样当我们遇到心理问题时，就可以换一种方式生活，摆脱充满压力的心境，使自己的心情变得轻松，变得明朗。

18.顺其自然，为所当为：日本的森田疗法

像健康人一样地生活，心理就会变得健康。

——森田正马

一位穿着灰色衬衫、戴着近视眼镜的文静青年，轻轻地推开心理诊室的门，很有礼貌地问道：“这里治疗强迫症吗?”在我的心理咨询生涯中，这样开门见山、不忌讳自己病症的还真少有。

我问他：“是否经过了心理医生的诊断?”他回答：“没有。我看过一些心理专业的书，书中记载的强迫症状，在我身上都有。”原来是他自己“确诊”的。

我告诉他不要过早地下此断语，经医生诊断分析后再作结论，我让他填写心理卫生测量表，以帮助了解他的心理素质状况。他看了看，毫不犹豫地坐下来就要填写。我向他解释填写须知，他却温和而又固执地拒绝：“这不难，我会填好的。”

他一边审题，一边填写。那专注的神态犹如每年参加高考的千千万万考生。

我等他填写完，瞟了一眼他递给我的心理测量表，知道他姓斯，便和他交谈起来。能跟我谈谈你小时候的情况和上学后的经历吗?”我想从他的早期经历中总结出他的

性格特征，以便“一把钥匙开一把锁”，有针对性地进行治疗。小斯虽拘谨，但很顺从地点了点头，低头侃侃谈起了自己的经历：

“我小时候主要由外祖母照看。外祖母特别会讲故事，我从她那里听了许多鬼故事。那些故事既动听，又恐怖，给我幼小的心灵留下了深刻的印象。所以我从小就胆小、怕鬼。外祖母回老家后，父母每天都要上班，所以我常常独自在家。那时，故事中各类青面獠牙的妖魔鬼怪常在我脑海中盘旋，我害怕极了，但又不敢向家人诉说，以致常常独自垂泪。

我的小学、初中读的都是普通学校。那时学习还可以，成绩总名列前茅。初中毕业，我考进了市内一所重点中学。在那所学校里，各区尖子生聚集一堂，一向贪玩的我根本竞争不过别人，因此学习成绩一直不佳。另外，我长得又矮又胖，所以在同学面前感到十分自卑。为了改变自己的形象，增强自信心，我就开始节食减肥。但内心却很矛盾：既想减肥，又怕别人议论。越怕越来事儿，有位同学说我臭美，当时我像作贼被抓住一样，非常难堪。这件事给我留下了难忘而又痛苦的记忆。”

说到这儿，他眉头紧锁，眼睛看着桌面，半天不语。他还沉浸在痛苦的回忆中。

“我从小有个习惯，无论是看来的还是听来的疾病，都爱往自己身上联想。大约在五六年前，那时刚开始听说有“艾滋病”，我觉得这病太可怕了。当有人告诉我艾滋病是由同性恋引起时，我的头脑里立即产生了艾滋病—同性恋、同性恋—艾滋病的固定思维。有一次，我看到一张图片上一漂亮的小男孩的形象，就产生了恐惧感。很长时间，头脑中只要一浮现那张画着漂亮小男孩的画，我就十分害怕。”

我问他：“恐惧什么？”

他沉默不语。

我又问：“是不是你觉得图片上的小男孩很可爱？

“是。”

“喜欢漂亮小男孩又有什么好恐惧的？”

“说不清。”

“是不是因为你喜欢图片上的小男孩，就怀疑自己是同性恋者，而同性恋能引发艾滋病，因此，你又怀疑自己可能得了可怕的艾滋病？”

他思忖了一会儿，说：“是这么回事。”我正要给他介绍艾滋病病理、病因方面的知识，他却接着说道：“上大学后，我看了不少介绍艾滋病的书刊，认识到自己瞎担心真是太荒唐了。这件事早已过去了，可不知怎么回事，我现在脑子里时常冒出一些怪念头。比如出门办事，半路得回来看看，惟恐门没有锁好，落下什么东西；写完信，明明检查过，还想拆开再看看，会不会装错；晨练时，想把手表、钥匙扔出去，后来就不敢戴手表了；站在高楼阳台上，有从楼上向下跳的冲动；我还经常有伤害别人的念头……这种情况已断断续续地持续好几年了。为了这些怪念头，我每时每刻都在恐惧不安的心情中生活。我看了许多心理学方面的书，对照书上描写的症状，我知道自己得的是强迫症。家里人对我期望很高，期望我将来有所成就。可我得了这种病，觉得自己太没出息了，这辈子算完了……”说到这儿，他伤心地摇了摇头。过了一会儿，抬头问道：“医生，我还有希望吗？”

面对他严肃的神情，我认真地告诉他："你对自己的病有较强的自知力，又有克服症状、从症状中摆脱出来的强烈愿望，只要我们双方共同努力，密切配合，我有信心帮你恢复健康。"

我坦率地告诉他，我将用森田疗法解决他的问题，并且向他简单介绍了"顺其自然"等森田疗法的一些基本知识。又考虑到住院费用和不愿把实情告诉家里人的情况，将采用日记指导的形式进行门诊治疗。

一星期后，他将日记给了我。我对每篇日记都作了分析、批阅。

8 月 23 日

今天是第一次接受心理治疗，按照心理医生的要求，我开始记病历日记。

今天骑车去商店时，脑中浮现与别人相撞的念头，恐惧心理随之而来。我想起了森田疗法要求的"顺其自然"的人生态度，所以没有跳下自行车，而是随着车流，仍然向前骑去。我一个劲地想："小心一点就是了，不会撞上他人的。"结果与他人相撞的念头以及由此而产生的恐惧心理随即减轻了。

骑车快到家时，我脑子里乱七八糟的。"我脑子里想的是什么？我怎么捕捉不到呢？"我心里有些紧张。随后我想："捕捉不到就随它去吧！又不是考试，非得答出来不可。"不一会儿，紧张心理解除，内心轻松多了。

晚饭后，脑中几次浮现伤害亲人的念头。我很害怕。我心里默默地念着："顺其自然，不要紧张。这是我的强迫观念，不是我的有意识动机，更没有行动，不可怕。"不知什么时候，这念头逐渐消失了。

虽然一天中“怪念头”很多，但总的来看，今天的心情比昨天愉快些。心中朦朦胧胧升起一线希望：长期缠绕在我头脑中的各种各样“怪念头”给我带来的痛苦有希望解脱。（批阅：对自己的症状有自知力，并且有从痛苦中摆脱出来的强烈愿望，这是进行心理治疗的前提。开始运用森田疗法治疗自己的心理疾患，初试有效，好兆头。望继续坚持下去，必有后效。）

……

8月25日

以往由于恐惧幽静的环境，所以不愿走单位后门的那条路。今天我按照森田疗法“要面对现实，而不要逃避现实”的要求，没有像以往那样绕道而行，而是沿着那条人迹罕至的小路骑车前行，虽然仍然有些恐惧，但我毕竟走过来了。我内心产生一丝克服恐惧心理后的快感。

（批阅：“面对现实，而不逃避现实”，带着恐惧的症状，面对恐惧的情境，这很好。虽然惧怕，不也过来了吗？没什么可怕的。）

8月30日，小斯第二次来接受心理治疗，虽然仍穿着那件灰色衬衣，鼻梁上仍架着那副眼镜，但言谈举止随意、潇洒多了。他告诉我：“记日记挺有益，与我相处的许多青年朋友，都有这样或那样的心理障碍，只是不少人不自觉、不自知而已。通过记录自己的真实感受，把自己的怪念头都理清楚了，对自己的内心世界更了解了。这就是您所说的对自己本心的自觉吧？”

……

9月6日是小斯第三次接受心理咨询与治疗。他穿着雪白的衬衫，领口系着一条红花领带。头发又黑又亮，梳理整齐。他满面春风地进了门诊室，好一个潇洒、精神焕发的小伙子！我唤着他的名字："小斯，今天穿得这么精神，我都不认识你了。"

……

9月10日

重感冒，身体不适，但心情蛮好。现在我有很多事要做：工作、学习、弹琴、交友、踢球、料理家务……我将自己的生活安排得充实多了，生活既紧张、又随意、洒脱，就是独处时，也不感到惧怕、孤独。

令我害怕的怪念头强迫观念，仍时有出现，但我已经能用充实的生活使它变成生活的一个次要的阴暗面了。我仿佛觉得生活的色调对我来说，已不再是阴暗沉重的灰色，而是明朗轻快的天蓝色了。

（批阅：运用森田疗法，基本上治愈了自己的强迫症，摆脱了恐惧，解除了痛苦，精神面貌焕然一新，可喜可贺。望你继续实践你已理解了的森田疗法，以巩固疗效，获得痊愈。）

摘自李百珍．青少年心理卫生与心理咨询［M］．北京：北京师范大学出版社，1997。

(1) 神经质症与森田疗法

森田疗法起源于日本。是日本学者森田正马教授在20世纪20年代首创的心理疗法。主要适用于神经质症。

森田在《神经质的实质与治疗》一书中提出了神经质症

形成的病理，认为神经质素质是神经质症产生的基础。森田认为，神经质素质主要表现在三个方面：第一，处事谨慎，胆小怕事，即内向性；第二，多虑性；第三，办一切事情都要求完整无缺，尽善尽美。具有这种素质的人对自己的心身过分地担心，在某种情况下，把任何人都常有的感受、情绪、想法过分地认为是病态，并对之关注、苦恼。由于注意力的集中，其感觉越来越敏感，注意力也越来越集中，并固定下来，使症状发展，形成神经质的症状。

因此，森田疗法认为在治疗方面应以“顺其自然”为原则，也就是老老实实地接受症状，真正体验。不再把症状当作自己身心的异物，也不对其排斥或抵抗。另外，靠自己本来的固有的上进心，“为所当为”，像健康人那样活动，努力去做应该做的事情。这样，行动正常了，心理便能正常，心理问题便会治愈。

(2) 森田疗法的治疗原则

森田疗法的治疗原则可以概括为一句话：“顺其自然，为所当为”。这是一种与佛教禅宗具有相通之处，富有东方哲学色彩的治疗原则。

①“顺其自然”的治疗原则

森田认为，当症状出现时，越想努力克服症状，就越会使自己内心冲突加重，苦恼更甚，症状就越顽固。所以，在症状出现时，要对其采取不在乎的态度，顺应自然，既来之则安之，接受症状，不把其视为特殊问题，以平常心对待；对于由不得自己的事情，面对现实、接受现实。就像对待天气一样，不管其好坏，都应该顺其自然。那么，如何做到顺其自然呢？

第一，坦然接受自身可能出现的各种想法和观念。神经质当事人常常主观地认为，自己对某件事物只能有某种想法而不能有另一种想法，否则就是不正常或者不道德的。实际上，"人非圣贤"，每个人都有可能存在着邪念、嫉妒等观念，意志是不能改变和决定的。因此，不必去对抗自己的想法而要坦然接受它们。

第二，认清症状形成和发展的规律，接受症状。森田认为，神经质症当事人原本没有任何心身异常，只是因为其存在疑病素质，将某种本来正常的感觉看成是异常的，进而产生想排斥和控制这种感觉，却进一步使自己的注意力固着在这种感觉上。这是一种恶性循环，是形成症状并使之继续的主要原因。认清这一点，对自己的症状采取接受态度，便不会强化对症状的主观感觉，使自己的注意力不再固着在症状之上。

第三，要认清主观与客观之间的关系，接受事物的客观规律。在森田看来，神经质症的特征就是以主观想象代替客观事实，以"理应如此"限定自身的思想、情感和行为。试图依靠人为的办法，支配自己的情感，这就如同要使鸡毛上天、河水断流一样，不仅不能如愿，反而徒增烦恼。针对这种情况，森田提出了"事实惟真"的观点，意即"事实即是真理"，并以此作为座右铭。他说："吾人不要把情绪或想象，误认为事实来欺骗自己。因为不论你是否同意，事实是不可动摇的。事实就是事实。所以人必须承认事实、服从事实。认清自己的精神实质，就是自觉；如实地确认外界，就是真理。"

②"为所当为"的治疗原理

森田疗法把与人相关的事物划分为两大类：可控制的事物和不可控制的事物。所谓可控制的事物，是指个人通过自己的主观意志可以调控、改变的事物；而不可控制的事物，是指个人主观意志不能决定的事物。森田疗法要求神经质症当事人通过治疗，以学习顺其自然的态度，不去控制不可控制之事，如人的情感；但还是应为所当为，即控制那些可以控制之事，如人的行动。这是对顺应自然治疗原则的充实，那么，怎样才能"为所当为"呢？

第一，忍受痛苦，为所当为

即带着症状生活，因为症状不会自己消失，当事人在症状仍存在的情况下，即使痛苦也要接受，但要把注意力投向自己生活中有确定意义且能见成效的事情上，努力做应做之事，逐步建立起从症状中解脱出来的信心。例如：对人恐怖的人，不敢见人，见人就感到极度恐惧。森田疗法要求其带着症状生活，害怕见人没关系，但该见的人还是要见，带着恐惧与人交往，明确自己要做什么，而这样做的结果，就是使当事人自己发现：原来想方设法要消除症状，想等症状不存在了再与人接触，其实是不必要的。"为所当为"原则要求当事人该做什么，马上就去做。尽管痛苦也要坚持去做，打破过去那种精神对行动的束缚。

第二，面对现实，陶冶性格

神经质当事人的精神冲突，往往停留在主观世界之中，他们对引起自己恐惧不安的事物想了又想，斗了又斗，但在实际生活中，对引起其痛苦的事物却采取了一种逃避和敷衍的态度。对此，森田疗法的专家高武良久指出："有，就让他有！我该干什么还干什么。"实际行动是提高现实生活适应能力的最直接的催化剂。对此，高良武久举例说，要学会游泳，不跳入水中就永远也学不会；即使完全不会游泳，跳入水中也是完全可以做到的，然后再逐步学习必要的技术。与此道理相同，神经质症当事人无论怎么痛苦，也要在别人指导下行动，这样就可以在不知不觉中得到自信的体验。要想见人不再感到恐惧，只有坚持与人接触，在实际接触中采用顺其自然的态度，使恐惧感下降而逐步获得自信。

(3) 森田疗法的实施

森田疗法的实施主要有三种形式：住院式森田疗法；门诊式森田疗法；生活发现法。

①住院式森田疗法。住院式森田疗法是森田疗法的主要形式，一般适用于症状较重，正常生活、工作受到较明显影响的当事人。住院为当事人提供了一个新的环境，杜绝其与外界的联系，使其专心致志地接受治疗。住院式治疗，大致需要 40 天，分为 5 个阶段：

a. 治疗准备期。治疗者要向当事人说明其心理疾病，可以用森田疗法治疗，并讲清治疗的原理及过程，介绍已取得的疗效。征得当事人同意，要求当事人配合。

b. 绝对卧床期。大约需要 4 ~ 7 天。绝对卧床的目的是：消除心身疲劳；养成对焦虑、烦恼等症状的容忍和接受态度。绝对卧床期间，当事人进入一个封闭的单人病室，除进食、洗漱、排便之外，安静地躺着，禁止会客、读书、谈话、抽烟等活动，并由护士监护。主管医生每天查房一次，不过问症状，只要求当事人忍受并坚持。

在卧床的头一两天，当事人情绪会暂时安定，杂念减少，食欲增加。但随着卧床时间的延长，当事人会感到无聊和烦躁不安，并产生各种各样的想法，甚至怀疑该治疗是否有效，因此会十分苦恼，渴望起床活动。此时应鼓励当事人继续坚持卧床活动。当事人会逐渐平静，并产生想做点事情的强烈愿望。这里有一个当事人的日记。

今天是卧床第五天，真难熬啊。我惊奇地发现，当自己反复内省并关注各种症状时，不仅无济于事，反而引起情绪的波动和烦躁，而且这种烦躁情绪又使症状进一步加剧，越想摆脱就越摆脱不掉，就好像自己给自己造了一座精神监狱，自己钻进去却出不来。几天来无所事事，绝对卧床，有时觉得症状比住院前还严重，并最终领悟到：单纯烦躁、对抗是没有用的。我发现，当我静静地躺在床上，看着天花板，仅仅看着天花板而已！这时我的心情反而很平静、很安宁，就和正常人一样。有时，我有一种感觉："我有什么病？都是自己找苦吃。"我为有这种感觉而高兴，我好像看到希望的曙光，可又不敢太高兴。

c. 轻作业期。大约 3～7 天。在此期间仍不允许当事人与他人交谈、看书、看报、看电视、会客等。夜里的卧床时间为 7～8 小时。白天可到室外散步或做少量轻松的活动，晚上开始记日记。当事人进入该期的时候，会有一种从无聊烦闷中解脱出来的轻松愉快感。我们可以看一份日记。

轻作业期第 5 天，上午和其他病人打乒乓球，一点也不感到紧张，旁边还有几个女病人观看，我从来没有这样自如潇洒地做一个正常人！下午，我正打扫房间卫生，我表哥一家三口来看我，他们神情大变：从对我以前愁容的同情和无奈，转成对我笑容的惊喜！我也不知道究竟发生了什么翻天覆地的变化，只是心中对这里的大夫、护士腾起鼎沸的感激之情！初升的太阳，把我这颗冰霜一样的心温暖了！我感到自己由内到外都起了一种变化，这种变化我无法说清，但却是实实在在的。

d. 普通作业期。大约3~7天。此时，当事人转入开放病房，参加森田小组活动。每天参加劳动，打扫卫生、浇花、手工操作、文体活动。每天晚上记日记并交医生批阅。医生不过问当事人症状和情绪，只让当事人努力工作、读书。此阶段当事人通过行动，体验带着症状参与现实生活的可能性和成功感，学会接受症状，并逐渐养成按计划去行动的习惯。

……刚开始，总是在力所能及的范围内小心翼翼地工作，但我终于把整个医院的周围环境都整理得干干净净，继而对这劳动的成果感到高兴。而且，我还继续干这干那，工作顺利进行，我真是痛快。我还是第一次这样对工作感到有意思。今天，我眼里看到黑色的东西就是黑的，红色的东西就是红的。总之，我想应该实事求是地看待外界事物。我今天发现，过去自己总出现一种十分不好的自卑的情绪，现在几乎没有了。

e. 生活准备期。大约7~10天。此阶段当事人进行适应外界变化的训练，为回到实际生活中做准备。治疗者每周与当事人谈话1~2次，并继续批阅日记，给予评语。允许当事人离开医院进行复杂的实际生活练习，为出院做准备。下面是森田正马教授和一个因为头痛而不能学习的当事人之间的谈话。

当事人：我希望取得好的学习成绩。

森田：对啦！这太好了。这就是进取心，以这种精神去学习就行……那么，你想取得第几名呢？

当事人：我想取得中等成绩就很好，可是我头脑迟钝，无法学习得好。

先生：要是等到变得聪明以后再学习，这种想法是错误的。先去努力用功学习，在取得第10名的成绩时，头脑就变聪明了。比如：人绝不是原先就有力气能举起沉重的石头，而是在举重过程中，产生了力气。人不去用功学习，贪图安逸玩乐，头脑是不会变聪明的。想学习、想考取前10名，这就是顺其自然的心理，只要老老实实地按照这种自然的心理去干，就可以了。

当事人：照这样说，如果头痛不能学习，那就顺应自然地不去学习也行吗？

先生：不要讲这种谬论。你讲的这种“顺其自然”是懒惰的借口。你想成为一个杰出人物，就不要偷懒，虽然痛苦，但仍愿学习，这不正是顺其自然的心理吗？草木在不断地生长，这是顺其自然的现象。如果只认为它处于静止时的状态，那就大错特错了。因为头痛就不学习，就去打盹或睡觉，想玩就去玩，怕艰苦就不去应试，这些都是懒惰。那么，你是不是懒惰呢？我想你并不懒惰，你之所以到我这里来，本意是希望取得好的成绩，就是希望学习，有这样的进取心，就足以证明你不是懒惰……既然如此，请你想想：究竟是懒惰、不学习、成绩差好呢？还是虽然稍微有点头痛，仍坚持学习，取得优良成绩好呢？

当事人：还是不懒惰好。

先生：那么，你就这么干吧！就这样地去学习、去考试好啦。如果再头痛，神经衰弱加重时，可来找我，保证很容易地给你治好……到那时再来吧。

②门诊治疗

门诊治疗适应那些有轻度和中度强迫倾向和症状固着的当事人。初诊需30～60分钟，复诊15～30分钟，一般每周1～2次，疗程为2～6个月。对于个别当事人，仅指导几次就可以使当事人得到领悟从而达到治疗目的。

在门诊治疗中，治疗方式主要是会谈和日记批注。通过治疗者与当事人一对一的交谈，使治疗者与当事人之间建立良好的人际关系，帮助当事人理解森田疗法"顺其自然，为所当为"的精神实质及治疗原则。进而指导当事人接受症状而不要试图排斥它；要带着症状参加各种活动，勇于承担自己生活中应承担的责任。还要求当事人将自己对森田疗法的理解和体验写到日记中，治疗者在复诊时对当事人上次日记中暴露的问题进行批注，提出下一次的要求。通过对日记的批注来对当事人进行指导是门诊治疗的中心环节。

③生活发现法。生活发现法适合于那些症状较轻的，能够正常工作、生活的人，也适合于正常的人进一步增进身心健康。生活发现法的目的是通过系统学习森田理论，使成员领悟并努力实践，从神经质症状中解脱出来，更加建设性地工作和生活。

（4）森田式的生活态度

森田正马的高徒高良武久博士在开展森田疗法的同时，提出了森田式的生活态度。它不仅对于当事人体会、领悟森田疗法以取得良好疗效具有重要作用，对于我们日常心理健康保健也具有指导意义。

①端正仪表。美好的仪表与美好的心灵相联系。外表衣冠整洁，有利于坚定意志。要振作精神摆脱内心痛苦和不安，焕发良好的情绪，首先要端正仪表。

②正视现实。具有神经质症的人，往往以“病”为借口，逃避现实生活，以躲避烦恼。其结果是更感到现实的严酷、症状的痛苦。他们做每一件事都会表示：我有病。这是治疗中经常遇到的神经质症思考的心理阻抗，也是难以治愈的重要因素。所以，面对现实，每日都能做好自己力所能及的事，是维护心理健康的重要方面。

③不做完美主义者。不少学者认为神经质症者是完美主义者。他们有极强的生的欲望，他们想工作，但又不能接受工作付出的代价。他们希望头脑永远清醒、心境永远良好、读书无杂念、学习不走神、工作不倦怠、见人不紧张……他们希望尽善尽美，事实上是根本无法实现的。现实与愿望的背道而驰，其结果处于一种完美的理想与不完美的现实的矛盾之中。正确的处世态度是：不做完美主义者。

④不急于求成，愿意与不良情绪共处。人们遇到悲伤的事情，如亲人的亡故，会产生悲痛的情绪，这种负性情绪会持续一段时间，人们常常想尽快消除这种不愉快的情绪。然而事与愿违，越想排除越排除不掉，这实际上是想把不可能的事情变成为现实，势必会陷入持续的心理冲突之中。高良武久博士主张：“既然对往事不能忘怀，就不要强行忘怀，而应带着这种思绪积极地去做日常生活中需要做的工作。这样就会在不知不觉中使这种思绪逐渐淡化，以至彻底消失，即使不完全消失，

也不会再严重牵动我们的感情了。”

⑤使生活充实、丰富。使生活充实、丰富，从事力所能及的劳动、工作，是预防和治疗神经质症的重要途径和可操作的措施。只有通过劳动、工作的收获，才能体味生活的意义。例如，农民辛苦一年，秋后喜获丰收，才会觉得生活有滋有味。

后　记

本书由潘莉提出编写思路和写作提纲，分工如下：探访秘境：催眠与心理咨询，刘闻佳；用舞台慰藉心灵：心理剧与班杜拉的社会学习理论，于欧；理智胜过情感：贝克的认知疗法，徐瑞萍；通过故事改变生活：叙事心理咨询，李琳；其余各章均由潘莉编写。在各位作者提出初稿的基础上，潘莉进行了认真地统稿、修改，并最后定稿。

在编写本书的过程中，得到武汉大学发展与教育心理研究所所长佘双好教授的悉心指导，在此深表谢意。本书中也参考和借用了国内外一些学者相关方面的研究成果，在这里表示衷心感谢！武汉大学发展与教育心理研究所、武汉大学出版社为本书出版提供了多方面帮助和艰辛的劳动，也向他们表示诚挚的谢意！

由于本书是各位作者在攻读博士和硕士学位的过程中阅读与学习咨询心理学获得的一些认识，对咨询心理学的掌握和理解尚处于起步阶段，加之时间仓促，本书肯定有不完善、甚至疏漏、错误的地方，我们真诚地希望得到各位专家、前辈和同行的批评指正。

潘　莉

2007年5月